U0730769

 **职业教育示范校课程改革新教材**
职业院校、技工院校教学用书

数　学

基础模块　上册

主　编　赵　艳　纪　蓓　张宏焘

副主编　张　欢

中国出版集团公司
现代教育出版社

图书在版编目（CIP）数据

数学：基础模块. 上册／赵艳，纪蓓，张宏焘主编.
— 北京：现代教育出版社，2016.8
ISBN 978 - 7 - 5106 - 2457 - 5

Ⅰ. ①数… Ⅱ. ①赵… ②纪… ③张… Ⅲ. ①数学课
– 中等专业学校 – 教材 Ⅳ. ①G634. 601

中国版本图书馆 CIP 数据核字（2016）第 197480 号

数学 基础模块 上册

主　　编	赵　艳　纪　蓓　张宏焘
责任编辑	王　静　李　颖
封面设计	宣是设计
装帧设计	书香雅苑
印　　刷	三河市文阁印刷有限公司
出版发行	现代教育出版社　邮编　100011
地　　址	北京市朝阳区安华里 504 号 E 座
电　　话	010 - 64244729（编辑部）　010 - 64256130（发行部）
传　　真	010 - 64251256
开　　本	787mm × 1092mm　1/16
印　　张	9
字　　数	201 千字
版　　次	2016 年 8 月第 1 版
印　　次	2016 年 8 月第 1 次印刷
书　　号	ISBN 978 - 7 - 5106 - 2457 - 5
定　　价	22.50 元

版权所有　违者必究

前　言

为了贯彻《国务院大力推进教育改革与发展的决定》的精神,体现"以服务为宗旨,以就业为导向"的职业教育办学指导思想,我们根据教育部最新颁布的《中等职业学校数学教学大纲》的要求,组织有关人员编写了中等职业学校文化基础课教材——《数学》。

本教材的编写体现了以下指导思想:

1. 注重基础性。考虑到中专生基础薄弱、入学水平较低的情况,教材在第一章中增加了初中阶段的重要数学知识的讲解,实现了与初中教学内容的衔接,为学生后继学习奠定了必要的基础。

2. 体现层次性。教材根据学生水平参差不齐的情况,在编排练习时做到与教学内容相匹配,习题难度分出不同层次。首先注重每节课后基础练习题中基础知识和基本技能的掌握,同时又考虑到部分学生今后进一步发展的需要,适当精选了一些有层次的提升练习题和带"＊"的内容和练习,可满足不同专业学生的需要,同时也能满足学生个性化的需求。

3. 加强实用性。教材根据职业学校的培养目标及学生的特点,对部分章节的内容作了适当的删减,如弱化了定理、公式的推导过程,删减了逻辑用语、指数与对数的证明等,突出了对学生实际应用能力的培养。在结构安排上,强调由浅入深、循序渐进,注重理论与实际相联系,通过引用生产、生活中的案例,将抽象的理论知识具体化,使学生能比较深刻地体会数学的内容。

本教材由赵艳、纪蓓、张宏焘任主编,负责本教材的大纲拟定及组织编写;张欢任副主编。具体编写分工为:第一章、第二章由赵艳编写,第三章由纪蓓编写,第四章由张宏焘编写,第五章由张欢编写。

由于编写时间仓促,编写水平有限,教材难免有不妥之处,欢迎从事职业教育的专家、教师和读者批评指正。

编　者

2016 年 6 月

目　录

第一章

学习目标

数式与方程

1. 掌握数式运算,方程(组)的解法.
2. 理解数式及方程组的概念.
3. 了解换底公式.

数学博客

"无理数"的由来

公元前 500 年,古希腊毕达哥拉斯(Pythagoras)学派的弟子希勃索斯(Hippasus)发现了一个惊人的事实,一个正方形的对角线与其一边的长度是不可以公度的(若正方形的边长是 1,则对角线的长度不是一个有理数),这一不可公度性与毕氏学派"万物皆为数"(指有理数)的哲理大相径庭.这一发现使该学派领导人惶恐、恼怒,领导人认为这将动摇他们在学术界的统治地位.希勃索斯因此被囚禁,受到百般折磨,最后竟遭到沉舟身亡的惩处.

毕氏弟子的发现,第一次向人们揭示了有理数系的缺陷,证明它不能同连续的无限直线同等看待,有理数并没有布满数轴上的点,在数轴上存在着不能用有理数表示的"孔隙",而这种"孔隙"经后人证明简直多得"不可胜数".于是,古希腊人把有理数视为连续衔接的那种算术连续的设想彻底地破灭了.不可公度的发现连同著名的芝诺悖论一同被称为数学史上的第一次危机,对以后 2 000 多年数学的发展产生了深远的影响,促使人们从依靠直觉、经验而转向依靠证明,推动了公理几何学与逻辑学的发展,并孕育了微积分的思想萌芽.

不可通约的本质是什么?长期以来众说纷纭,得不到正确的解释,两个不可通约的比值也一直被认为是不可理喻的数.15 世纪意大利著名画家达·芬奇称之为"无理"的数,17 世纪德国天文学家开普勒称之为"不可名状"的数.

然而,真理毕竟是淹没不了的,毕氏学派抹杀真理才是"无理".人们为了纪念希勃索斯这位为真理而献身的可敬学者,就把不可通约的量取名为"无理数"——这便是"无理数"的由来.

第一节　数式的运算

一、数的基础知识

初中已学习过数的分类,现在来回顾一下:

有理数　整数和分数统称为有理数.

无理数　无限不循环小数叫作无理数,例如:
$$\sqrt{2},\sqrt{3},\sqrt{5},\pi,\cdots$$

实数　有理数和无理数统称为实数.

数轴　规定了原点、正方向和单位长度的直线.

倒数　乘积是 1 的两个数互为倒数,例如:
$$3 \text{ 和} \frac{1}{3}, \frac{4}{15} \text{和} \frac{15}{4}, \frac{100}{3} \text{和} \frac{3}{100}, \cdots$$

1 的倒数是 1.

相反数　只有符号不同的两个数互为相反数,例如:
-1 和 1,-3.5 和 3.5,-101 和 101,$\cdots$

零的相反数是零.

绝对值　在数轴上一个数 a 所对应的点与原点的距离叫作这个数 a 的绝对值,记作 $|a|$. 强调,$|a|$ 表示一个距离,所以 $|a| \geqslant 0$.

去绝对值的依据 $\begin{cases} ①\text{一个正数的绝对值是它本身;} \\ ②\text{一个负数的绝对值是它的相反数;} \\ ③\text{零的绝对值是零.} \end{cases}$

即
$$|a| = \begin{cases} a, & a > 0, \\ 0, & a = 0, \\ -a, & a < 0. \end{cases}$$

例1　求下列数的绝对值:

(1)4.5;　　　　　(2)$-\dfrac{7}{5}$;　　　　　(3)0.

解　(1)因为 $4.5 > 0$,所以 $|4.5| = 4.5$;

(2)因为 $-\dfrac{7}{5} < 0$,所以 $\left| -\dfrac{7}{5} \right| = -\left(-\dfrac{7}{5} \right) = \dfrac{7}{5}$;

(3)因为 $0 = 0$,所以 $|0| = 0$.

例2　求下列各式中的 a 值:

(1)$|a| = 1$;　　　(2)$|a| = 3$;　　　(3)$|a| = 0$;　　　(4)$a < 0, |a| = \dfrac{1}{3}$.

解 （1）因为 $|a|=1$，所以 $a=\pm 1$；（2）因为 $|a|=3$，所以 $a=\pm 3$；

（3）因为 $|a|=0$，所以 $a=0$；（4）因为 $a<0$，且 $|a|=\dfrac{1}{3}$，所以 $a=-\dfrac{1}{3}$.

例 3* 若 a,b 是两个已知数，且 $c=|a-b|-|b-a|$，求 c.

解 若 $a>b$，则 $a-b>0,b-a<0$，

所以 $\qquad c=|a-b|-|b-a|=(a-b)-(a-b)=0$；

若 $a<b$，则 $a-b<0,b-a>0$，

所以 $\qquad c=|a-b|-|b-a|=(b-a)-(b-a)=0$；

若 $a=b$，则 $a-b=0,b-a=0$，

所以 $\qquad\qquad c=|a-b|-|b-a|=0$.

综上所述，$c=0$.

基础练习

1. $-3,\dfrac{4}{5},\sqrt{3},\pi,\dfrac{\sqrt{5}}{2}$ 这些数中，整数有_____，分数有_____，有理数有_____，无理数有_____.

2. $\dfrac{4}{5}$ 的相反数为_____，倒数为_____；0 的相反数为_____，0 有倒数吗?

3. 求下列各式中的 a 值：

（1）$|a|=5$；　　　　　　　　（2）若 $a>0$，$|a|=\dfrac{3}{4}$.

提升练习

求下列各式中 x 的值：

（1）$x<0,|x|=\dfrac{3}{7}$；　　　　　　（2）$a<0$，且 $a>b,x=|b-a|-|a|$；

（3）$|x|=4$；　　　　　　　　　（4）已知 $a\neq 0,x=\dfrac{a}{|a|}$.

二、整式的运算

幂的运算法则（$a,b\neq 0$；m,n 是整数）：

$$a^m\cdot a^n=a^{m+n},\quad (a^m)^n=a^{m\cdot n},$$

$$(a\cdot b)^n=a^n\cdot b^n,\quad \dfrac{a^m}{a^n}=a^{m-n}.$$

常用乘法公式

$$(a+b)(a-b) = a^2 - b^2;$$
$$(a+b)^2 = a^2 + 2ab + b^2;$$
$$(a-b)^2 = a^2 - 2ab + b^2;$$
$$a^3 - b^3 = (a-b)(a^2 + ab + b^2);$$
$$a^3 + b^3 = (a+b)(a^2 - ab + b^2).$$

因式分解 多项式的因式分解就是把一个多项式化为几个整式的积,多项式的因式分解和整式的乘法是相反方向的变换,即

$$x^2 + ax + bx + ab \xrightarrow[\text{乘法法则}]{\text{因式分解}} (x+a)(x+b).$$

例1 计算下列各式:

(1) $(2a+1)(3a+b)$;　　　　　(2) $(2x^2-1)(2x^2-x)$.

解 (1) $(2a+1)(3a+b) = 2a \cdot 3a + 2a \cdot b + 1 \cdot 3a + 1 \cdot b$
$$= 6a^2 + 2ab + 3a + b;$$

(2) $(2x^2-1)(2x^2-x) = 2x^2 \cdot 2x^2 - 2x^2 \cdot x - 1 \cdot 2x^2 + 1 \cdot x$
$$= 4x^4 - 2x^3 - 2x^2 + x.$$

例2 把下列各式因式分解:

(1) $x^2 + 7x + 10$;　　　　　(2) $6y^2 - 11y + 5$.

解 (1)

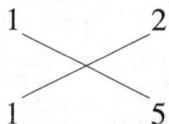

$$x^2 + 7x + 10 = (x+2)(x+5);$$

(2)

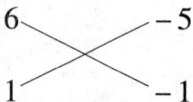

$$6y^2 - 11y + 5 = (6y-5)(y-1).$$

基础练习

1. 计算 $(3ab - a^2b^2 - 9)(3 + ab)$.

2. 计算 $(a+b+c+d)(a+b-c-d)$.

3. 把下列各式因式分解:

(1) $x^2 - 3x + 2$;　　　　　(2) $x^2 - 6x - 7$;

(3) $(x-y)^2 - (x-y) - 6$.

提升练习

1. 求 $(x-1)(x+2)$ 与 $(x-3)(x+4)$ 的差.

2. 分解因式:

(1) $4x+4x^2y+x^3y^2$;

(2) $(a+b)^3-(a-b)^3$.

三、分式的运算

分式 A,B 表示两个整式, $A \div B$ 就可以表示成 $\dfrac{A}{B}$ 的形式,如果 B 中含有字母,

式子 $\dfrac{A}{B}$ 就叫作**分式**,其中 A 叫作**分式的分子**, B 叫作**分式的分母**.

分式的分子和分母都乘以(或除以)同一个不等于零的整式,分式的值不变,这个性质叫作**分式的基本性质**.

即　　$\dfrac{A}{B}=\dfrac{A \times M}{B \times M}, \quad \dfrac{A}{B}=\dfrac{A \div M}{B \div M}$ (M 为不等于零的整式).

分式的运算:分式的加减运算是使用通分进行的,分式的乘除运算是使用约分进行的.

例　计算 $\dfrac{1-\dfrac{1}{x+1}}{1+\dfrac{1}{x-1}}$.

解　原式 $=\left(1-\dfrac{1}{x+1}\right) \div \left(1+\dfrac{1}{x-1}\right)$

$\qquad =\dfrac{(x+1)-1}{x+1} \div \dfrac{(x-1)+1}{x-1}$

$\qquad =\dfrac{x}{x+1} \div \dfrac{x}{x-1}=\dfrac{x-1}{x+1}(x \neq 1, x \neq 0)$.

基础练习

1. 计算 $\left(\dfrac{-ab}{x^2y}\right)^2 \cdot \left(\dfrac{-3y}{ab^3}\right) \div \left(\dfrac{y}{b^2}\right)^3$.

2. 计算 $\dfrac{2xy}{(x-y)(x-z)}+\dfrac{2yz}{(x-y)(z-x)}$.

提升练习

1. 计算 $\dfrac{3}{a^2 b}+\dfrac{1}{ab}-\dfrac{1}{a^3 b^3}$.

2. 计算 $\dfrac{4}{x+2}+x-2$.

四、平方根、立方根和 n 次方根

平方根　若 $x^2=a(a\geqslant 0)$，则称 x 为 a 的一个平方根(二次方根).

立方根　若 $x^3=a$，则称 x 为 a 的立方根(三次方根).

n 次方根　若 $x^n=a$(a 是一个实数，n 是大于 1 的正整数)，则称 x 为 a 的一个 n 次方根.

当 n 为偶数时，对于每一个非负实数 a，它在实数集里有两个 n 次方根，它们互为相反数，分别表示为 $\sqrt[n]{a}$ 和 $-\sqrt[n]{a}$；而对于每一个负数 a，它的 n 次方根是没有意义的. 如 4 的平方根为 2 和 -2，-4 的平方根无意义.

当 n 为奇数时，对于每一个实数 a，它在实数集里只有一个 n 次方根，表示为 $\sqrt[n]{a}$. 当 $a>0$ 时，$\sqrt[n]{a}>0$；当 $a<0$ 时，$\sqrt[n]{a}<0$. 如 27 的立方根是 3，-27 的立方根是 -3.

0 的 n 次方根是 0，即 $\sqrt[n]{0}=0$.

我们把形如 $\sqrt[n]{a}$(有意义时)的式子称为 n 次根式，其中 n 称为根指数，a 称为被开方数，正的 n 次方根 $\sqrt[n]{a}$ 称为 a 的 n 次算术根，并且

$$(\sqrt[n]{a})^n=a \ (n>1, n \text{ 是正整数}).$$

例1　求 25 和 10 的平方根.

解　25 的平方根是 $\pm\sqrt{25}=\pm 5$；

10 的平方根是 $\pm\sqrt{10}$.

例2　求 -27 的立方根，81 的四次方根.

解　-27 的立方根为 $\sqrt[3]{-27}=-3$；81 的四次方根为 $\pm\sqrt[4]{81}=\pm 3$.

基础练习

1. $\dfrac{4}{25}$ 的平方根为_____，0 的平方根为_____，27 的立方根为_____，$\dfrac{16}{81}$ 的四次方根为_____.

2. $(-4)^2=$_____，16 的平方根为_____.

提升练习

1. x 是怎样的实数时, $\sqrt{x}+\sqrt{-x}$ 有意义.

2. 计算 $\sqrt{27\times15\times20}$.

第二节　解方程(组)

一、解一元二次方程

一元二次方程　$ax^2+bx+c=0$ $(a\neq0)$.

求根公式　$x=\dfrac{-b\pm\sqrt{b^2-4ac}}{2a}$.

判别式　$\Delta=b^2-4ac$.

当 $\Delta>0$ 时, 方程有两个不相等的实数根;

当 $\Delta=0$ 时, 方程有两个相等的实数根;

当 $\Delta<0$ 时, 方程没有实数根.

一元二次方程的解法

(1)直接开平方法;　　　(2)配方法;

(3)公式法;　　　(4)因式分解法.

根与系数的关系: 若 $ax^2+bx+c=0(a\neq0)$ 的两根分别是 x_1 和 x_2, 那么

$$x_1+x_2=-\frac{b}{a}\text{且 }x_1\cdot x_2=\frac{c}{a}.$$

例1　解方程 $x^2-3x+1=0$.

解法1　配方法

原方程配方, 得

$$x^2-3x+(\frac{3}{2})^2+1-(\frac{3}{2})^2=0,$$

整理得

$$(x-\frac{3}{2})^2=\frac{5}{4},$$

所以

$$x-\frac{3}{2}=\pm\frac{\sqrt{5}}{2},$$

$$x=\pm\frac{\sqrt{5}}{2}+\frac{3}{2},$$

解得
$$x_1 = \frac{3+\sqrt{5}}{2}, x_2 = \frac{3-\sqrt{5}}{2}.$$

解法 2 公式法

判别式
$$\Delta = (-3)^2 - 4 \times 1 \times 1 = 5 > 0,$$

所以
$$x_{1,2} = \frac{-(-3) \pm \sqrt{(-3)^2 - 4 \times 1 \times 1}}{2 \times 1} = \frac{3 \pm \sqrt{5}}{2},$$

解得
$$x_1 = \frac{3+\sqrt{5}}{2}, x_2 = \frac{3-\sqrt{5}}{2}.$$

例 2 解方程 $x^2 - 5x + 6 = 0$.

解 因式分解法

将方程因式分解为:
$$x^2 - 5x + 6 = (x-3)(x-2) = 0,$$

解得 $x_1 = 3, x_2 = 2$.

例 3 解方程 $x^2 - 9 = 0$.

解 移项得 $\qquad x^2 = 9,$

两边同时开平方 $\qquad x = \pm 3,$

解得 $\qquad x_1 = -3, x_2 = 3$.

注 1. 直接开平方法适用于没有一次项的方程;

2. 因式分解法适用于右端为零,左端可分解为两个因式乘积的形式的方程.

基础练习

1. 解下列方程:

$(1) x^2 - 5x + 4 = 0$; $\qquad (2) x^2 - 4x + 4 = 0$; $\qquad (3) x^2 - 3x + 1 = 0$;

$(4) x^2 - 3x - 4 = 0$; $\qquad (5) x^2 - 3x + 2 = 0$; $\qquad (6)^* x^2 + x + 2 = 0$.

2. 若方程 $9x^2 + 2mx + 16 = 0$ 有两个相等的实数根,求 m.

3. 若方程 $8x^2 - (k-1)x + k - 7 = 0$ 的一个根是 0,求 k 及另一个根.

二、解二元一次方程组和简单的二元二次方程组

几个二元一次方程组成的方程组,叫作**二元一次方程组**.

注　解二元一次方程组常用的方法是代入消元法和加减消元法.

含有两个未知数, 并且含有未知数的项中, 最高次数是 2 的整式方程, 叫作**二元二次方程**. 它的一般形式为:

$$ax^2 + bxy + cy^2 + dx + ey + f = 0 \quad (a, b, c \text{ 不同时为零}).$$

由两个二元方程组成并且其中至少有一个是二元二次方程的方程组, 叫作**二元二次方程组**.

注　由一个二元一次方程和一个二元二次方程组成的二元二次方程组, 一般可用代入消元法求解, 其目的是把二元二次方程组化为一元二次方程.

例 1　用代入消元法或加减消元法解方程组:

$$(1) \begin{cases} y = 2x, & ① \\ x + y = 12; & ② \end{cases} \qquad (2) \begin{cases} x + y = 5, & ① \\ x - y = 7. & ② \end{cases}$$

解　(1) 把①代入②, 得　$x + 2x = 12, x = 4$,

把 $x = 4$ 代入①, 得　　　　　$y = 8$,

所以原方程组的解为 $\begin{cases} x = 4, \\ y = 8; \end{cases}$

(2) ① + ②, 得　　　　　$2x = 12, x = 6$,

把 $x = 6$ 代入①, 得　　　　　$y = -1$,

所以原方程组的解为 $\begin{cases} x = 6, \\ y = -1. \end{cases}$

例 2　解方程组 $\begin{cases} x^2 - 4y^2 + x + 3y - 1 = 0, & ① \\ 2x - y - 1 = 0. & ② \end{cases}$

分析　由于方程组是由一个二元一次方程和一个二元二次方程组成的, 所以通过代入消元法可以达到消元的目的, 由②得 $y = 2x - 1$, 再代入①可以求出 x 的值, 从而得到方程的解.

解　由②得　　　　　$y = 2x - 1$,　　　　　　③

把③代入①整理, 得　　　$15x^2 - 23x + 8 = 0$,

解方程得 $x_1 = 1, x_2 = \dfrac{8}{15}$,

把 $x_1 = 1$ 代入③, 得 $y_1 = 1$,

把 $x_2 = \dfrac{8}{15}$ 代入③,得 $y_2 = \dfrac{1}{15}$,

所以原方程组的解是 $\begin{cases} x_1 = 1, \\ y_1 = 1; \end{cases} \begin{cases} x_2 = \dfrac{8}{15}, \\ y_2 = \dfrac{1}{15}. \end{cases}$

基础练习

1. 解下列二元一次方程组:

(1) $\begin{cases} y = 3x, \\ x - y = -8; \end{cases}$ (2) $\begin{cases} x = -2y, \\ x + 3y = 3; \end{cases}$ (3) $\begin{cases} x - 2y = 3, \\ x + y = 1. \end{cases}$

2. 解下列二元二次方程组:

(1) $\begin{cases} x^2 + y^2 = 2, \\ 5x + y = 5; \end{cases}$ (2) $\begin{cases} x + y = 1, \\ xy = -2. \end{cases}$

提升练习

1. 已知矩形的周长为 20 cm,矩形的面积为 16 cm^2,求矩形的长和宽.

2. 解方程组 $\begin{cases} xy - 1 = 0, \\ x^2 + y^2 = 2. \end{cases}$

综合训练一

1. 计算下列各式:

（1）$2x^2 + 3x - 4(x-1)^2$；

（2）$(5xy - x + y^2) - (x + y^2 + 5xy)$；

（3）$\dfrac{b^2}{a^2 - 2a^2b + ab^2} \div \dfrac{ab + b^2}{a^2 - b^2}$；

（4）$\left(\dfrac{1}{4}\right)^2$；

（5）$2\sqrt{3} \times 3\sqrt{15} \times 6\sqrt{12}$；

（6）$\sqrt{144} \times \sqrt{625}$；

（7）$\sqrt{\dfrac{1}{3} \times \left(-\dfrac{1}{27}\right) \times \left(-\dfrac{1}{64}\right)}$.

2. 将下列各式因式分解:

（1）$15a^3b^2 - 20a^2b^2 + 5a^2b$；

（2）$a^2 + ac - ab - bc$.

3. 解下列方程:

（1）$x^2 - 5x + 6 = 0$；

（2）$x^2 - 6x + 9 = 0$；

（3）$x^2 - 5x + 10 = 0$.

4. 当 a 为何值时，一元二次方程 $x^2 + 2(a-4)x + a^2 + 1 = 0$ 有两个不相等的实根？

5. 解下列方程组:

（1）$\begin{cases} y = x + 3, \\ 7x + 5y = 9; \end{cases}$

（2）$\begin{cases} x^2 + y^2 = 13, \\ x + y = 5; \end{cases}$

（3）$\begin{cases} 2x + 3y = 6, \\ x + 2y = 4; \end{cases}$

（4）$\begin{cases} x = \dfrac{1}{2}y, \\ 2x - y = 6. \end{cases}$

本章小结

一、内容提要

(1)本章的主要内容有数(式)的运算和解方程(组).

(2)在数(式)的运算中,学习巩固了有理数、无理数、实数及数轴、倒数、相反数、绝对值及其意义.并在这些内容的基础上掌握了因式分解,进一步学习了分式的运算,以及数的开方运算.

(3)在解方程(组)中,采取通分→移项→整理成 $ax = b$ 的形式→化 x 的系数为1,这种方法求解一元一次方程.解一元二次方程的方法有:①直接开平方法;②配方法;③公式法;④因式分解法.解二元一次方程组时,常采用代入消元法和加减消元法.解二元二次方程组时,主要以化二元为一元的指导思想,一般采用代入消元法达到目的.

二、学习要求和需要注意的问题

1. 学习要求

(1)掌握有理数、无理数、实数及数轴、倒数、相反数、绝对值,掌握简单的因式分解,理解分式的运算,以及数的开方运算.

(2)掌握一元二次方程的解法,掌握二元一次方程组和简单的二元二次方程组的解法,理解多元方程组的解题思想——消元.

2. 需要注意的问题

(1)对于数式运算要特别注意适用条件,例如:0 没有倒数;负数没有偶次方根等.

(2)注意体会本章对学习数学中代数部分的作用.

第二章

集　合

1. 掌握集合的表示法、集合之间的关系（子集、真子集、相等）、区间的概念、一元二次不等式和含绝对值不等式的解法.

2. 理解集合、元素及其关系；非空集合的运算（交、并、补），不等式的性质.

3. 了解充要条件和线性分式不等式.

数学博客

罗素悖论

罗素(Russell)，英国数学家、逻辑学家、哲学家.1872 年 5 月 18 日生于英格兰蒙茅斯郡特里莱赫的一个英国自由党贵族的家庭.1970 年 2 月 2 日卒于梅里奥尼斯郡彭林德拉耶斯附近.

罗素 11 岁开始学习欧氏几何，18 岁入剑桥大学三一学院学习，1894 年毕业；1895 年他在剑桥三一学院获研究员的职位；1901 年他发现了著名的罗素悖论，引发了 20 世纪初对数学基础的危机.他与怀特海合作，于 1913 年完成了名著《数学原理》.罗素是逻辑主义的代表人物.

罗素

罗素还是一位蜚声国际的哲学家、政论作家和社会活动家.他的文字清新流利，受到各阶层的广泛欢迎，并于 1950 年获诺贝尔文学奖，1964 年创立罗素和平基金会.

自相矛盾的悖论，是数学史上一直困扰着数学家的难题之一.罗素著名的悖论——"理发师难题"，其内容如下：

西班牙的塞维利亚有一个理发师，这位理发师有一条极为特殊的规定：他只给那些"不给自己刮胡子"的人刮胡子.

理发师这个拗口的规定，对于除他自己以外的别人，并没有什么难理解的地方.但是回到他自己这里，问题就麻烦了.如果这个理发师不给自己刮胡子，那么按照规定，他就应该给自己刮胡子；可是他给自己刮胡子的话，按照规定，他又不应该给自己刮胡子.因此，这位理发师无论是否给自己刮胡子，都不符合自己的那条规定.这真是令人哭笑不得的结果.

罗素是 1901 年 5 月发现这个悖论的，它除了涉及集合概念本身外不需要别的概念.

第一节 集合的概念

在日常生活中,常用到"整体"的概念. 例如:

(1)河南省的所有五星级酒店;

(2)郑州市的所有旅行社;

(3)开封市的所有景区;

(4)1,2,3,4,…

以上四个例子虽然各不相同,但是在一点上是共同的,即组成每一个整体的事物或数字都是确定的.

一般地,把一些能够确定的事物组成的整体,称为**集合(或集)**;构成集合的每个个体(事物)称为该集合的**元素**.

以上例子中的酒店、旅行社、景区、数字分别是四个集合的元素. 通常用大写英文字母 $A,B,C,\cdots$ 表示集合,用小写英文字母 $a,b,c,\cdots$ 表示元素.

若 a 是集合 A 的元素,那么就记作 $a \in A$,读作 a **属于** A;如果 a 不是 A 的元素,那么就记作 $a \notin A$,读作 a **不属于** A.

关于集合元素有三个特性:无序性,确定性,互异性.

举例说明:美丽的景区、好看的花这样的事物不确定,无法构成集合.

在数学中,由数字组成的集合称为**数集**. 由方程或不等式的解组成的集合称为**解集**. 约定用大写英文字母表示常用到的一些数集.

自然数(非负整数)的全体叫作**自然数集(非负整数集)**,记作 **N**.

在自然数集内排除 0 的集合,记作 **N$_+$** 或 **N***.

整数全体构成的集合,叫作**整数集**,记作 **Z**.

有理数全体构成的集合,叫作**有理数集**,记作 **Q**.

实数全体构成的集合,叫作**实数集**,记作 **R**.

含有有限个元素的集合叫作**有限集**,含有无限个元素的集合叫作**无限集**.

还有一种集合,它不含任何元素. 不含任何元素的集合叫作**空集**,记作 $\varnothing$. 如:方程 $x^2 + 1 = 0$ 的实数解组成的集合就是空集.

例1 下面所说的事物哪些能组成集合? 该集合的元素是什么?

(1)与 1 接近的实数;

(2)上档次的酒店;

(3)性格开朗的人;

(4)大于 10 小于 20 的自然数.

解 (1)与 1 接近的实数无法组成集合(元素不确定);

(2)上档次的酒店无法组成集合(元素不确定);

（3）性格开朗的人无法组成集合（元素不确定）；

（4）大于 10 小于 20 的自然数可以组成集合，该集合元素是 11,12,13,14,15,16,17,18,19.

例2　用符号 $\in$ 或 $\notin$ 填空：

7 _____ **N**；	7.2 _____ **N**；	11.4 _____ **Q**；
π _____ **Q**；	3.7 _____ **Z**；	$\sqrt{3}$ _____ **R**；
0 _____ **Q**.		

解　$7 \in \mathbf{N}$；　　$7.2 \notin \mathbf{N}$；　　$11.4 \in \mathbf{Q}$；　　$\pi \notin \mathbf{Q}$；

　　　$3.7 \notin \mathbf{Z}$；　　$\sqrt{3} \in \mathbf{R}$；　　$0 \in \mathbf{Q}$.

基础练习

1. 下面所说的事物哪些能组成集合？集合元素是什么？

（1）小红所在旅行社里的漂亮女孩；　　　（2）大于 1 小于 2 的整数；

（3）所有正偶数；　　　（4）所有奇数.

2. 用符号"$\in$"或"$\notin$"填空.

0 _____ **N**；　　0 _____ $\mathbf{N_+}$；　　$\dfrac{2}{3}$ _____ **Q**；　　-3 _____ **Z**；

$\sqrt{2}$ _____ **R**；　　π _____ **Q**；　　0 _____ $\varnothing$.

提升练习

判断下列各题所表示的关系是否正确？

（1）$7 \in \mathbf{N}$；　　　（2）$5 \in \mathbf{Z}$；　　　（3）$0 \in \mathbf{Q}$；

（4）$\sqrt{5} \in \mathbf{Q}$；　　（5）$\dfrac{3}{4} \notin \mathbf{Q}$；　　（6）$1 + \sqrt{2} \notin \mathbf{R}$.

第二节　集合的表示法

如何表示一个集合呢？

当集合元素不多时，常常把集合的元素列举出来，写在大括号内表示这个集合. 例如：$\{1,2,3,4,5\}$ 表示由 5 个元素 1,2,3,4,5 构成的集合；又如：{餐饮,客房,酒水} 表示酒店管理专业的三门专业课餐饮、客房、酒水所构成的集合.

一般地，将集合的元素一一列举出来，并置于大括号内，这种表示集合的方法叫作**列举法**.

有些集合的元素较多，也可以列出几个元素作为代表，其他元素用省略号代

表. 例如: 不大于 100 的自然数的全体构成的集合可表示为

$$\{0,1,2,3,4,5,\cdots,100\}.$$

用列举法表示以上例子比较麻烦, 但是可以用特定条件指定该集合的元素. 该集合可以表示为

$$\{x \mid x \leqslant 100, x \in \mathbf{N}\}$$

类似地, 郑州市的所有旅行社的集合可以表示为 $\{$郑州市旅行社$\}$.

一般地, 我们把集合表示成

$$\{元素 \mid 元素的共同属性\} 或 \{元素的共同属性\}.$$

这种表示集合的方法称为**描述法**.

注 由一个元素构成的集合, 例如 $\{a\}$, 要与它的元素 a 加以区别. a 与 $\{a\}$ 是完全不同的, a 是集合 $\{a\}$ 的一个元素, 而 $\{a\}$ 表示一个集合.

例 1 用描述法表示下列集合:

(1) 不等式 $x+6>0$ 的解集;

(2) $\{5,7,9\}$;

(3) $\{-1,1\}$.

解 (1) $\{x \mid x+6>0\}$ 或 $\{x \mid x>-6, x \in \mathbf{R}\}$ 或 $\{$不等式 $x+6>0$ 的解$\}$;

(2) $\{x \mid x$ 是大于 3 且小于 10 的奇数$\}$ 或 $\{$大于 3 小于 10 的奇数$\}$;

(3) $\{x \mid x^2=1\}$.

例 2 用适当的方法表示下列集合:

(1) 不等式 $3x-5<7$ 的解集;

(2) 由大于 -1 且小于 2 的自然数组成的集合;

(3) 被 3 整除的自然数组成的集合.

解 (1) $\{x \mid 3x-5<7\}$ 或 $\{x \mid x<4\}$ 或 $\{$不等式 $3x-5<7$ 的解$\}$;

(2) $\{0,1\}$;

(3) $\{x \mid x=3m, m \in \mathbf{N}\}$ 或 $\{$被 3 整除的自然数$\}$.

 **基础练习**

1. 用列举法表示下列集合:

(1) 大于 3 且小于 10 的整数的全体;

(2) 方程 $x^2-9=0$ 的解集;

(3) 全体北京奥运会福娃.

2. 用描述法表示下列集合:

(1) 不等式 $x-5<0$ 的解集;

(2) 大于 0 且小于 10 的实数全体;

(3) 被 5 整除的自然数组成的集合.

提升练习

1. 用列举法表示下列集合：
(1) 由绝对值等于 4 的数组成的集合；
(2) 由小于 20 的所有奇数组成的集合；
(3) 十二生肖集合.

2. 用描述法表示下列集合：
(1) 绝对值不等式 $|2x-5|>8$ 的解集；
(2) 被 4 除余 1 的自然数组成的集合.

第三节　集合之间的关系

下述两个集合有什么关系呢？
$$A=\{1,2,3,4,5\}, B=\{1,2,3,4,5,6,7\}.$$

上例中，集合 A 的元素是集合 B 的元素，可以说集合 A 包含于集合 B，同时集合 A 也可以看作集合 B 的一部分，所以可以说集合 B 包含集合 A.

一般地，如果集合 A 的每一个元素都是集合 B 的元素，那么集合 A 叫作集合 B 的一个**子集**，记作 $A\subseteq B$ 或 $B\supseteq A$，读作"集合 A 包含于集合 B"或"集合 B 包含集合 A".

上例可记作" $A\subseteq B$ "或" $B\supseteq A$ ".

从子集定义不难得出：任何一个集合 A 都是它本身的一个子集.
集合与集合之间还有相等的关系.

如：若 $A=\{-1,1\}, B=\{x\mid x^2=1\}$，则 $A=B$.

注　相等集合的元素完全相同.

规定：**空集是任何集合的子集**.

若集合 A 是集合 B 的子集，且集合 B 中至少有一个元素不属于集合 A，那么集合 A 叫作集合 B 的**真子集**，记作 $A\subsetneqq B$ 或 $B\supsetneqq A$，读作"集合 A 真包含于集合 B"或"集合 B 真包含集合 A".

如 $A=\{1,2\}, B=\{1,2,3,4\}$，可知 $A\subseteq B$ 且 3,4 又不是集合 A 的元素，即 $A\subsetneqq B$ 或 $B\supsetneqq A$.

从真子集定义不难得出：空集是任何一个非空集合的真子集.

例1　写出集合 $A=\{1,2\}$ 的所有子集和真子集.

解　集合 A 的所有子集是 $\varnothing,\{1\},\{2\},\{1,2\}$.
在上述子集中，除去集合 A 本身，即 $\{1,2\}$，剩下的集合都是 A 的真子集.

例2　写出以下两个集合之间的关系：
(1) $\{1,3,5\}$ 与 $\{1,2,3,4,5\}$；
(2) $\{x\mid x^2=16\}$ 与 $\{4,-4\}$.

解 (1) $\{1,3,5\} \subsetneqq \{1,2,3,4,5\}$;

(2) $\{x \mid x^2 = 16\} = \{4, -4\}$.

例3 说出以下两个集合之间的关系:

(1) $\{0\}$ _____ $\varnothing$;

(2) $\{0\}$ _____ $\{x \mid x^2 = -1, x \in \mathbf{R}\}$;

(3) $\{x \mid |x| = 2\}$ _____ $\{x \mid x + 2 = 0\}$.

解 (1) $\{0\} \supsetneqq \varnothing$;

(2) $\{0\} \supsetneqq \{x \mid x^2 = -1, x \in \mathbf{R}\}$;

(3) $\{x \mid |x| = 2\} \supsetneqq \{x \mid x + 2 = 0\}$.

基础练习

将适当的符号($\in$, $\notin$, $\subsetneqq$, $\supsetneqq$, $=$)填入空格:

(1) $\{3,4,5\}$ ____ $\{1,2,3,4,5\}$;

(2) $\{x \mid x - 6 = 0\}$ ____ $\{6\}$;

(3) -3 ____ $\{x \mid x + 3 = 0\}$;

(4) $\{x \mid x^2 = 9\}$ _____ $\varnothing$;

(5) 3 _____ $\{x \mid x + 3 = 0\}$.

提升练习

1. 写出集合 $\{1,2,3\}$ 的子集及真子集.

2. 将适当的符号($\in$, $\notin$, $\subsetneqq$, $\supsetneqq$, $=$)填入空格.

(1) $\{x \mid x^2 = 4\}$ ____ $\{x \mid |x| = 2\}$;

(2) $\{0,1\}$ ____ $\{x \mid x(x-1)(x+1) = 0\}$;

(3) $\varnothing$ ____ $\{\varnothing\}$.

3*. 满足条件 $\{1,2\} \subsetneqq M \subsetneqq \{1,2,3,4\}$ 的集合 M 有几个?

4*. 已知集合 $M = \{x \mid x^2 = a\}$ 中只有一个元素,请写出实数 a 的取值.

5*. 已知集合 $A = \{x \mid x^2 - 1 = 0\}$, $B = \{b\}$. 若 $B \subseteq A$, 求实数 b 的值.

第四节 集合的运算

一、交集

已知 $A = \{$亚细亚大酒店 1.65 m 以上的所有女服务员$\}$, $B = \{$亚细亚大酒店 1.75 m 以下的所有女服务员$\}$, 我们可由这两个集合的所有公共元素构造出一个新的集合:

$\{$亚细亚大酒店 1.65 m 以上且 1.75 m 以下的所有女服务员$\}$.

下面给出这种构造新集合法则的定义：

对于两个给定的集合 A,B，由既属于集合 A 又属于集合 B 的所有元素构成的集合，叫作**集合 A 与 B 的交集**，记作 $A\cap B$，读作 **A 交 B**.

由交集的定义可知，对于任意两个集合 A 与 B，都有

(1) $A\cap B=B\cap A$；

(2) $A\cap A=A$；

(3) $A\cap\varnothing=\varnothing\cap A=\varnothing$；

(4) 若 $A\subseteq B$，则 $A\cap B=A$；

(5) $^*A\cap B\subseteq A,A\cap B\subseteq B$.

例 1 若 $A=\{1,2,3\}$，$B=\{3,5,6\}$，求 $A\cap B$.

解 $A\cap B=\{1,2,3\}\cap\{3,5,6\}=\{3\}$.

例 2 设 $A=\{奇数\}$，$B=\{偶数\}$，$\mathbf{Z}=\{整数\}$，求 $A\cap\mathbf{Z}$，$B\cap\mathbf{Z}$，$A\cap B$.

解 $A\cap\mathbf{Z}=\{奇数\}\cap\{整数\}=\{奇数\}=A$；

$B\cap\mathbf{Z}=\{偶数\}\cap\{整数\}=\{偶数\}=B$；

$A\cap B=\{奇数\}\cap\{偶数\}=\varnothing$.

例 3 设 $A=\{(x,y)\mid 4x+y=6\}$，$B=\{(x,y)\mid 3x+2y=7\}$，求 $A\cap B$.

解 $A\cap B=\{(x,y)\mid 4x+y=6\}\cap\{(x,y)\mid 3x+2y=7\}$

$$=\left\{(x,y)\left|\begin{cases}4x+y=6\\3x+2y=7\end{cases}\right.\right\}=\{(1,2)\}.$$

注 $A\cap B$ 是两个方程构成的方程组公共解.

例 4 设 $A=\{x\mid 1\leqslant x\leqslant 3\}$，$B=\{x\mid -1\leqslant x\leqslant 4\}$，求 $A\cap B$.

解 借助数轴，不难得出

$A\cap B=\{x\mid 1\leqslant x\leqslant 3\}\cap\{x\mid -1\leqslant x\leqslant 4\}=\{x\mid 1\leqslant x\leqslant 3\}$.

二、并集

已知 $A=\{1,3,5\}$，$B=\{2,3,4,6\}$，我们可由这两个集合的所有元素构造出一个新的集合：

$$\{1,2,3,4,5,6\}.$$

下面，给出这种构造新集合法则的定义：

一般地，对于两个给定的集合 A,B，把它们所有的元素合并在一起构成的集合，叫作**集合 A 与 B 的并集**. 记作 $A\cup B$，读作 **A 并 B**.

由并集的定义可知，对于任意两个集合 A 与 B，都有

(1) $A\cup B=B\cup A$；

(2) $A\cup A=A$；

(3) $A\cup\varnothing=\varnothing\cup A=A$；

(4) 若 $A\subseteq B$，则 $A\cup B=B$；

(5) *$A\subseteq A\cup B$, $B\subseteq A\cup B$.

例1 若 $A=\{1,2,3\}$, $B=\{3,5,6\}$，求 $A\cup B$.

解 $A\cup B=\{1,2,3\}\cup\{3,5,6\}=\{1,2,3,5,6\}$.

例2 设 $A=\{奇数\}$, $B=\{偶数\}$, $\mathbf{Z}=\{整数\}$，求 $A\cup\mathbf{Z}$, $B\cup\mathbf{Z}$, $A\cup B$.

解 $A\cup\mathbf{Z}=\{奇数\}\cup\{整数\}=\{整数\}=\mathbf{Z}$,

$B\cup\mathbf{Z}=\{偶数\}\cup\{整数\}=\{整数\}=\mathbf{Z}$,

$A\cup B=\{奇数\}\cup\{偶数\}=\mathbf{Z}$.

例3 设 $A=\{x|x^2-9=0\}$, $B=\{x|x-3=0\}$，求 $A\cup B$.

解 $A\cup B=\{x|x^2-9=0\}\cup\{x|x-3=0\}$

$=\{3,-3\}\cup\{3\}$

$=\{3,-3\}$.

例4 设 $A=\{x|0<x<3\}$, $B=\{x|1<x<2\}$，求 $A\cup B$.

解 借助数轴，不难得出

$A\cup B=\{x|0<x<3\}\cup\{x|1<x<2\}=\{x|0<x<3\}$.

三、补集

我们在研究集合与集合之间的关系时，如果一些集合是某一个给定集合的子集，那么称这个给定的集合为这些集合的**全集**，通常用 U 表示. 我们在研究数集时，常常把实数集 $\mathbf{R}$ 作为全集.

如果 A 是全集 U 的一个子集，由 U 中的所有不属于 A 的元素构成的集合，叫作 A 在 U 中的**补集**，记作$\complement_U A$.

由补集定义可知，对于任意集合 A，有

(1) $A\cup\complement_U A=U$；

(2) $A\cap\complement_U A=\varnothing$；

(3) $\complement_U(\complement_U A)=A$.

例1 已知 $U=\{1,2,3,4,5,6\}$, $A=\{1,3,5\}$, $B=\{2,4,6\}$，求 $A\cap B$, $A\cup B$, $\complement_U A$, $\complement_U B$, $(\complement_U A)\cap(\complement_U B)$, $(\complement_U A)\cup(\complement_U B)$, $\complement_U(A\cap B)$, $\complement_U(A\cup B)$, $A\cap\complement_U A$, $A\cup\complement_U A$.

解 $A\cap B=\varnothing$；

$A\cup B=U$；

$\complement_U A=\{2,4,6\}$；

$\complement_U B=\{1,3,5\}$；

$(\complement_U A) \cap (\complement_U B) = \varnothing$;

$(\complement_U A) \cup (\complement_U B) = \{2,4,6\} \cup \{1,3,5\} = \{1,2,3,4,5,6\} = U$;

$\complement_U (A \cap B) = U$;

$\complement_U (A \cup B) = \varnothing$;

$A \cap \complement_U A = \{1,3,5\} \cap \{2,4,6\} = \varnothing$;

$A \cup \complement_U A = \{1,3,5\} \cup \{2,4,6\} = \{1,2,3,4,5,6\} = U$.

例2 已知 $U = \mathbf{R}, A = \{x \mid x > 5\}$,求 $\complement_U A$.

解 $\complement_U A = \{x \mid x \leqslant 5\}$.

例3 已知全集 $U = \mathbf{Z}$,若 $A = \{x \mid x = 2k, k \in \mathbf{Z}\}$,求 $\complement_U A$.

解 $\complement_U A = \{x \mid x = 2k+1, k \in \mathbf{Z}\}$.

基础练习

1. 已知 $A = \{1,2,3,4\}, B = \{3,4,5\}$,求 $A \cap B, A \cup B$.

2. 已知 $A = \{直角\}, B = \{锐角\}$,求 $A \cap B, A \cup B$.

3. 已知 $U = \{1,2,3,4,5,6\}, A = \{5,2,1\}$,求 $\complement_U A, A \cap \complement_U A, A \cup \complement_U A$.

提升练习

1. 已知 $A = \{(x,y) \mid 2x + 3y = 1\}, B = \{(x,y) \mid 3x - 2y = 3\}$,求 $A \cap B$.

2. 已知 $M = \{x \mid |x| < 1, x \in \mathbf{Z}\}, N = \{x \mid \sqrt{x} < 1, x \in \mathbf{Z}\}$,求 $M \cap N$.

3. 设全集 $U = \mathbf{Z}$,若 $A = \{x \mid x = 2k, k \in \mathbf{Z}\}$,求 $\complement_U A$.

4. 设 $A = \{菱形\}, B = \{矩形\}, C = \{正方形\}$,求 $A \cap B, B \cap C, A \cap C$.

5. 已知 $U = \mathbf{R}, A = \{x \mid x + 3 \leqslant 0\}, B = \{x \mid x - 1 > 0\}$,求 $A \cap B, A \cup B, \complement_U A$,
$\complement_U B, \complement_U A \cup \complement_U B$.

第五节　充分条件与必要条件

在讲新课之前大家先来认识一个概念——**命题**,能够判断对错的语句叫作**命题**,对的叫作**真命题**,错的叫作**假命题**,例如,

(1) $2 + 3 = 7$.

(2)一组对边平行且相等的四边形是平行四边形.

(3)祝你平安!

(4)你学习有困难吗?

其中(1)(2)是命题,(3)(4)分别是感叹句及疑问句,无法判断对错,所以不是命题. 下面我们就命题之间的关系来进行了解.

分析 若 $A = \varnothing$，B 为非空集合，一定有 $A \cap B = \varnothing$，很显然 $A = \varnothing$ 是 $A \cap B = \varnothing$ 的充分条件；若要使 $A = \varnothing$，必须保证 $A \cap B = \varnothing$，故 $A \cap B = \varnothing$ 是 $A = \varnothing$ 的必要条件.

若 $x = 2$，则 $x^2 = 4$，很显然 $x = 2$ 是 $x^2 = 4$ 的充分条件；若要使 $x = 2$，必须保证 $x^2 = 4$，故 $x^2 = 4$ 是 $x = 2$ 的必要条件.

若"如果 p，则 q"是正确的命题，记作
$$p \Rightarrow q,$$
就称 p 是 q 的**充分条件**，q 是 p 的**必要条件**.

若 $p \Rightarrow q$ 且 $q \Rightarrow p$，那么 p 是 q 的充分必要条件，简称**充要条件**，记作
$$p \Leftrightarrow q.$$
又如：若四边形的两组对边互相平行，则这个四边形是平行四边形，即四边形的两组对边互相平行是这个四边形是平行四边形的充要条件.

基础练习

分别用充分条件、必要条件或充要条件叙述下列真命题.

（1）若 $x - 1 = 0$，那么 $x^2 - 1 = 0$；

（2）设 x，y 为实数，若 $x^2 + y^2 = 0$，则 $x = 0$ 且 $y = 0$；

（3）若两个三角形相似，则它们的对应边成比例；

（4）若 $\angle A = 30^\circ$，则 $\sin A = \dfrac{1}{2}$.

提升练习

用充分条件、必要条件或充要条件填空：

（1）"x 是自然数"是"x 是整数"的_____；

（2）$x \geqslant 3$ 是 $x > 3$ 的_____；

（3）$x = 3$ 是 $x^2 - 2x - 3 = 0$ 的_____；

（4）$a = 0$ 是 $ab = 0$ 的_____；

（5）$A \subsetneqq B$ 是 $A \cap B = A$ 的_____；

（6）两直线平行是同位角相等的_____.

第六节 解不等式

一、区间的概念

四家酒店招聘女服务员，都要求身高为 $1.65 \sim 1.75$ m，但各家饭店对身高要求是否包括 1.65 m 或 1.75 m 的解释不相同，下表列出了这四家饭店要求的差别：

饭店	1.65 m	1.75 m
A	包括	包括
B	不包括	不包括
C	包括	不包括
D	不包括	包括

设服务员身高为 x m,根据上表,这四家饭店提出的要求可表示为:

饭店 A	$1.65 \leqslant x \leqslant 1.75$
饭店 B	$1.65 < x < 1.75$
饭店 C	$1.65 \leqslant x < 1.75$
饭店 D	$1.65 < x \leqslant 1.75$

将这四家饭店的要求推广到一般的情况,设身高的下限为 a m,身高的上限为 b m$(a < b)$,则这四种要求可表示为:

$$a \leqslant x \leqslant b;$$
$$a < x < b;$$
$$a \leqslant x < b;$$
$$a < x \leqslant b.$$

上述四种不等式可以对应实数 x 的四种集合,这四种集合都可用区间的形式表示,实数 a 和 b 称为相应区间的**端点**. 对这四种集合的具体规定如下:

名　称	闭区间	开区间	半闭半开区间	半开半闭区间
集合表示	$\{x \mid a \leqslant x \leqslant b\}$	$\{x \mid a < x < b\}$	$\{x \mid a \leqslant x < b\}$	$\{x \mid a < x \leqslant b\}$
区间表示	$[a, b]$	(a, b)	$[a, b)$	$(a, b]$
数轴表示				

除上面提到的四种集合外,符合不等式 $x \geqslant a, x \leqslant b, x > a, x < b$ 的实数 x 的集合也可用区间表示,其表示方法与上面四种区间类似,需注意的是:只有一个端点,另一端对应数轴的无穷远处. 为此,规定符号"∞"表示无穷大,"$+\infty$"表示正无穷大,"$-\infty$"表示负无穷大,具体表示如下:

集合表示	$\{x\|x\geqslant a\}$	$\{x\|x\leqslant b\}$	$\{x\|x>a\}$	$\{x\|x<b\}$
区间表示	$[a,+\infty)$	$(-\infty,b]$	$(a,+\infty)$	$(-\infty,b)$
数轴表示				

例1 用区间记法表示下列不等式的解集:

(1)$9\leqslant x\leqslant 10$;　　　　　(2)$x\leqslant 0.4$.

解 (1)$[9,10]$;　　　　(2)$(-\infty,0.4]$.

例2 用集合的性质描述法表示下列区间:

(1)$[-4,0]$;　　　　　　(2)$(-8,7]$.

解 (1)$\{x\|-4\leqslant x\leqslant 0\}$;　　(2)$\{x\|-8<x\leqslant 7\}$.

基础练习

1. 用区间记法表示下列不等式的解集:

(1) $-2<x<3$;　　　　　(2)$x<8$.

2. 用集合的性质描述法表示下列区间:

(1)$(0,+\infty)$;　　　　　(2)$[-2,10]$;　　　(3)$[0,2)$.

3. 用区间的形式表示下列集合:

(1)$\{x\|-5<x\leqslant -2\}$;　　(2)$\{x\|3<x<8\}$;

(3)$\{x\|x\geqslant -1\}$;　　　　(4)$\{x\|x<5\}$.

提升练习

1. 用区间记法表示 **R**.

2. 用集合的性质描述法表示区间$[-1,1]\cup(2,+\infty)$.

二、不等式的性质

性质1:不等式的两边同加上(或同减去)一个数,不等号方向不变.

性质2:不等式的两边同乘以(或同除以)一个正数,不等号方向不变.

性质3:不等式的两边同乘以(或同除以)一个负数,不等号方向改变.

三、一元二次不等式的解法

含有一个未知数并且未知数的最高次是二次的不等式叫作一元二次不等

式. 它的一般形式是

$$ax^2 + bx + c > 0(\geqslant 0) \text{ 或 } ax^2 + bx + c < 0(\leqslant 0)(a \neq 0).$$

下面我们通过例子,学习一元二次不等式的解法.

例1　解下列不等式:

(1) $x^2 - 2x - 3 > 0$;　　　　(2) $x^2 - 2x - 3 \leqslant 0$;

(3) $x^2 - 5x + 4 \geqslant 0$;　　　　(4) $x^2 - 6x + 5 < 0$.

解　(1) $x^2 - 2x - 3 > 0$

$\Rightarrow (x-3)(x+1) > 0$

$\Rightarrow \begin{cases} x-3 > 0, \\ x+1 > 0 \end{cases}$ 或 $\begin{cases} x-3 < 0, \\ x+1 < 0 \end{cases}$

$\Rightarrow \begin{cases} x > 3, \\ x > -1 \end{cases}$ 或 $\begin{cases} x < 3, \\ x < -1 \end{cases}$

$\Rightarrow x > 3$ 或 $x < -1$,

所以 $x^2 - 2x - 3 > 0$ 的解集为

$\{x | x > 3 \text{ 或 } x < -1\} = (-\infty, -1) \cup (3, +\infty)$.

(2) $x^2 - 2x - 3 \leqslant 0$

$\Rightarrow (x-3)(x+1) \leqslant 0$

$\Rightarrow \begin{cases} x-3 \geqslant 0, \\ x+1 \leqslant 0 \end{cases}$ 或 $\begin{cases} x-3 \leqslant 0, \\ x+1 \geqslant 0 \end{cases}$

$\Rightarrow \begin{cases} x \geqslant 3, \\ x \leqslant -1 \end{cases}$ 或 $\begin{cases} x \leqslant 3, \\ x \geqslant -1 \end{cases}$

$\Rightarrow -1 \leqslant x \leqslant 3$,

所以 $x^2 - 2x - 3 \leqslant 0$ 的解集为

$\{x | -1 \leqslant x \leqslant 3\} = [-1, 3]$.

(3) $x^2 - 5x + 4 \geqslant 0$

$\Rightarrow (x-4)(x-1) \geqslant 0$

$\Rightarrow \begin{cases} x-4 \geqslant 0, \\ x-1 \geqslant 0 \end{cases}$ 或 $\begin{cases} x-4 \leqslant 0, \\ x-1 \leqslant 0 \end{cases}$

$\Rightarrow \begin{cases} x \geqslant 4, \\ x \geqslant 1 \end{cases}$ 或 $\begin{cases} x \leqslant 4, \\ x \leqslant 1 \end{cases}$

$\Rightarrow x \geqslant 4$ 或 $x \leqslant 1$,

所以 $x^2 - 5x + 4 \geqslant 0$ 的解集为

$\{x | x \geqslant 4 \text{ 或 } x \leqslant 1\} = (-\infty, 1] \cup [4, +\infty)$.

(4) $x^2 - 6x + 5 < 0$

$\Rightarrow (x-5)(x-1) < 0$

$$\Rightarrow \begin{cases} x-5>0, \\ x-1<0 \end{cases} 或 \begin{cases} x-5<0, \\ x-1>0 \end{cases}$$

$$\Rightarrow \begin{cases} x>5, \\ x<1 \end{cases} 或 \begin{cases} x<5, \\ x>1 \end{cases}$$

$$\Rightarrow 1<x<5,$$

所以 $x^2-6x+5<0$ 的解集为

$$\{x|1<x<5\}=(1,5).$$

例 2* 解下列不等式:

(1) $x^2-2x>-3$;　　　　(2) $3x^2-2x<1$;

(3) $-x^2+8x-2<0$;　　　(4) $x^2-x+1 \leqslant 0$.

解 (1) $x^2-2x>-3 \Rightarrow x^2-2x+3>0$.

因为 x^2-2x+3 不能用十字相乘法分解因式,所以采用配方法把不等式左边化为一个完全平方式,从而求出不等式的解.

$$x^2-2x+1+2>0 \Rightarrow (x-1)^2+2>0.$$

无论 x 取何实数,上述不等式都成立.

所以 $x^2-2x>-3$ 的解集是 $\mathbf{R}=(-\infty, +\infty)$.

(2) $3x^2-2x<1$

$$\Rightarrow 3x^2-2x-1<0$$

$$\Rightarrow (3x+1)(x-1)<0$$

$$\Rightarrow \begin{cases} 3x+1>0, \\ x-1<0 \end{cases} 或 \begin{cases} 3x+1<0, \\ x-1>0 \end{cases}$$

$$\Rightarrow \begin{cases} x>-\dfrac{1}{3}, \\ x<1 \end{cases} 或 \begin{cases} x<-\dfrac{1}{3}, \\ x>1 \end{cases}$$

$$\Rightarrow -\frac{1}{3}<x<1,$$

所以 $3x^2-2x<1$ 的解集为

$$\{x|-\frac{1}{3}<x<1\}=(-\frac{1}{3},1).$$

(3) $-x^2+8x-2<0 \Rightarrow x^2-8x+2>0$.

因为 x^2-8x+2 不能用十字相乘法分解因式,所以采用配方法解不等式.

$$x^2-8x+16-14>0$$

$$\Rightarrow (x-4)^2-14>0$$

$$\Rightarrow (x-4-\sqrt{14})(x-4+\sqrt{14})>0$$

$$\Rightarrow \begin{cases} x-4-\sqrt{14}>0, \\ x-4+\sqrt{14}>0 \end{cases} \text{或} \begin{cases} x-4-\sqrt{14}<0, \\ x-4+\sqrt{14}<0 \end{cases}$$

$$\Rightarrow \begin{cases} x>4+\sqrt{14}, \\ x>4-\sqrt{14} \end{cases} \text{或} \begin{cases} x<4+\sqrt{14}, \\ x<4-\sqrt{14} \end{cases}$$

$$\Rightarrow x>4+\sqrt{14} \text{ 或 } x<4-\sqrt{14},$$

所以 $-x^2+8x-2<0$ 的解集为

$$\{x|x>4+\sqrt{14}\text{ 或 }x<4-\sqrt{14}\}=(-\infty,4-\sqrt{14})\cup(4+\sqrt{14},+\infty).$$

(4) $x^2-x+1\leqslant0$

因为 x^2-x+1 不能用十字相乘法分解因式,所以采用配方法解不等式.

$$x^2-x+\frac{1}{4}+\frac{3}{4}\leqslant0\Rightarrow(x-\frac{1}{2})^2+\frac{3}{4}\leqslant0.$$

因为 x 取任何实数时,上述不等式都不成立,所以 $x^2-x+1\leqslant0$ 的解集为空集 $\varnothing$.

基础练习

求下列不等式的解集:

(1) $x^2+4x-5>0$;   (2) $x^2+4x+3<0$;

(3) $x^2-8x+12>0$;   (4) $x^2-7x+6\leqslant0$;

(5) $x^2-x>6$;   (6) $-x^2+x\leqslant-2$.

提升练习

求下列不等式的解集:

(1) $x^2+4x+4\geqslant0$;   (2) $x^2-4x+4<0$;

(3) $x^2+4x+5>0$;   (4) $-x^2+x-6>0$;

(5) $-4x^2+3x-1\geqslant0$;   (6) $(2-3x)(2x+1)\geqslant2$.

四、分式不等式与绝对值不等式的解法

（一）分式不等式

在分式的分母中含有未知数的不等式叫作**分式不等式**.

即

$$\frac{ax+b}{cx+d}>0\,(\geqslant 0)\ \text{或}\ \frac{ax+b}{cx+d}<0\,(\leqslant 0)\,(c\neq 0).$$

分式不等式 $\dfrac{ax+b}{cx+d}>0\,(\geqslant 0)$ 与 $\dfrac{ax+b}{cx+d}<0\,(\leqslant 0)\,(c\neq 0)$ 分别等价于一元二次不等式

$$(ax+b)(cx+d)>0\,(\geqslant 0)\ \text{或}\ (ax+b)(cx+d)<0\,(\leqslant 0)\ \text{且}\ cx+d\neq 0.$$

解法可参照上节的不等式解法.

（二）绝对值不等式

在实数集中,对任意实数 a,

$$|a|=\begin{cases} a, & a>0,\\ 0, & a=0,\\ -a, & a<0. \end{cases}$$

由任意实数 a 的绝对值的意义可知,不等式 $|x|\leqslant 3$ 的解集是与原点的距离小于 3 或等于 3 的所有点所对应的实数全体构成的集合,即

$$\{x\mid |x|\leqslant 3\}=\{x\mid -3\leqslant x\leqslant 3\}=[-3,3].$$

如图 2-1 所示:

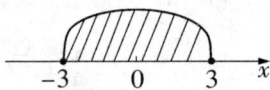

图 2-1

不等式 $|x|>3$ 的解集是与原点的距离大于 3 的所有点所对应的实数全体构成的集合,如图 2-2 所示:

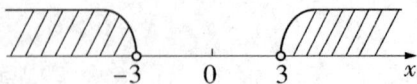

图 2-2

即　$\{x\mid|x|>3\}=\{x\mid x<-3\text{ 或 }x>3\}$ 或 $(-\infty,-3)\cup(3,+\infty)$.

一般地,如果 $a>0$,则 $|x|<a\Leftrightarrow-a<x<a$;$|x|>a\Leftrightarrow x<-a$ 或 $x>a$.

这个结果如图 2-3 所示:

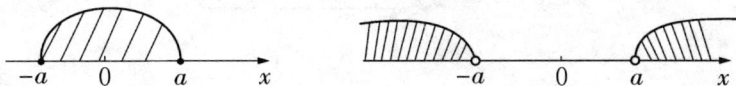

图 2-3

例1　解不等式 $|2x-3|<5$.

解　$|2x-3|<5$

$\Leftrightarrow-5<2x-3<5$,

$\Leftrightarrow-2<2x<8$,

$\Leftrightarrow-1<x<4$.

因此,原不等式的解集是 $(-1,4)$.

例2　解不等式 $|2x-3|\geqslant5$.

解　$|2x-3|\geqslant5$

$\Leftrightarrow2x-3\geqslant5$ 或 $2x-3\leqslant-5$,

$\Leftrightarrow x\geqslant4$ 或 $x\leqslant-1$.

因此,原不等式的解集是 $(-\infty,-1]\cup[4,+\infty)$.

基础练习

解下列不等式,并在数轴上表示它的解集:

(1) $|2x|\geqslant5$;　　(2) $|2x-2|\leqslant5$;　　(3) $\dfrac{x+1}{2x-1}\geqslant0$;

(4) $|2x-3|\geqslant1$;　　(5) $|2x-3|\leqslant1$;　　(6) $\dfrac{x-2}{3x+5}<0$

提升练习

解下列不等式:

(1) $|x-1|\leqslant|x+3|$;

(2) $|x+4|\leqslant0$.

综合训练二

1. 判断题：

(1) x 是 A 的元素，记作 $x \in A$；

(2) $4 \notin \{1,3,5\}$；

(3) $\{a\} \in \{a,b,c,d\}$；

(4) $\{a,b,c\} \subseteq \{a,b,c\}$；

(5) $\varnothing = 0$；

(6) $\varnothing \subsetneqq \{0\}$；

(7) $\{1,2\}$ 的所有子集是 $\{1\}$，$\{2\}$，$\{1,2\}$；

(8) $\varnothing = \{\varnothing\}$；

(9) $\{x \mid x^2 - 5x + 6 = 0\} = \{2,3\}$；

(10) $A \cup B = \{x \mid x \in A \text{ 且 } x \in B\}$；

(11) $A \cap B = \{x \mid x \in A \text{ 或 } x \in B\}$；

(12) $A \cap B \subseteq A$ 且 $A \cap B \subseteq B$；

(13) $A \cup B = A$，则 $B \subseteq A$；

(14) $A \cap B = A$，则 $A \subseteq B$.

2. 用符号"$\in$，$\notin$，$\supsetneqq$，$\subsetneqq$，$=$"填空：

(1) -3 ____ $\mathbf{N}$；　　　　　(2) $\sqrt{3}$ ____ $\mathbf{R}$；

(3) $|a|$ ____ $\{|a|\}$；　　　　(4) $\varnothing$ ____ $\{x \in \mathbf{R} \mid x^2 = -1\}$；

(5) $\varnothing$ ____ $\{1,2,3\}$；　　(6) $\{2,3\}$ ____ $\{1,3,2\}$.

3. 已知 $A = \{1,2,3,4\}$，$B = \{3,4,5\}$，求 $A \cap B$，$A \cup B$.

4. 用列举法写出下列方程的解集：

(1) $2x - 1 = 0$；　　　　　(2) $4(x+1) - 3(x-1) = 2$；

(3) $x^2 - 5x + 4 = 0$；　　(4) $x^2 + x - 2 = 0$.

5. 用性质描述法表示下列集合：

(1) 坐标系中 x 轴上点坐标的集合；

(2) 不大于 3 的全体实数.

6. 判断下列关系是否正确：

(1) $2 \subsetneq \{x \in \mathbf{R} \mid x \leqslant 10\}$；　　(2) $2 \in \{x \in \mathbf{R} \mid x \leqslant 10\}$；

(3) $\varnothing \in \{x \in \mathbf{R} \mid x \leqslant 10\}$；　　(4) $\{2\} \subsetneq \{x \in \mathbf{R} \mid x \leqslant 10\}$；

(5) $\varnothing \subseteq \{x \in \mathbf{R} \mid x \leqslant 10\}$；　　(6) $\varnothing \subsetneq \{x \in \mathbf{R} \mid x \leqslant 10\}$.

7. 已知 $A = \{$正方形$\}$，$B = \{$平行四边形$\}$，求 $A \cap B, A \cup B$.

8. 设全集 $U = \mathbf{R}, A = \{x \mid -1 < x < 1\}$，求 $\complement_U A, \complement_U A \cup U, \complement_U A \cap U, A \cap U,$ $A \cap \complement_U A, A \cup \complement_U A$.

9. 求下列不等式的解集：

(1) $3x + 1 < 2x + 5$；　　(2) $x^2 - x - 2 > 0$；

(3) $4x^2 - 4x + 1 > 0$；　　(4) $\dfrac{2 - x}{1 + x} > 0$；

(5) $2|x| + 1 > 5$.

10. 下列各题中 $p(x)$ 是 $q(x)$ 的什么条件？

(1) $p(x): x^2 - 3x + 2 = 0, q(x): x = 1$；

(2) $p(x): a - b = 0, q(x): a^2 - b^2 = 0$；

(3) $p(x): a^3 + b^3 = 0, q(x): a + b = 0$.

11*. 已知 $x \in (-\infty, 2)$，试确定下列各代数式值的范围：

(1) $x + 2$ 的取值范围是_____；

(2) $x - 2$ 的取值范围是_____；

(3) $2 - x$ 的取值范围是_____；

(4) $\dfrac{1}{2}x + 3$ 的取值范围是_____.

12*. 已知集合 $A = \{x \mid x^2 - 2x - 8 < 0\}, B = \{x \mid x - a < 0\}$，若 $A \cap B = \varnothing$，求实数 a 的取值范围.

13*. 设集合 $\{0,1\} \subsetneq M \subsetneq \{0,1,2,3,4\}$，试写出所有集合 M.

14*. 已知集合 $A = \{x \mid x^2 + ax + 4 = 0\}$ 只有一个元素，求 a 的取值.

本章小结

一、集合

1. 集合及其表示法

集合是指一些事物组成的整体,而这些事物中的一个称为这个集合的一个元素.如果 a 是集合 A 的元素,就是 a 属于 A,记作 $a \in A$;否则,就称 a 不属于 A,记作 $a \notin A$.

不含任何元素的集合称为空集,用符号 $\varnothing$ 表示.

常见的数集有:自然数集 **N**、正整数集 $\mathbf{N}^*$、整数集 **Z**、有理数集 **Q**、实数集 **R**,等等.

表示集合的方法通常有两种:列举法、描述法.

2. 集合之间的关系

有的集合之间有包含关系,即 $B \subseteq A$(或者说 $A \supseteq B$). 这时称 B 是 A 的子集,进一步,如果 A 中至少有一个元素不属于它的子集 B,则称 B 是 A 的真子集.

空集是任意集合的子集,空集是任何一个非空集合的真子集. 任何一个集合是它本身的一个子集,有的集合没有包含关系.

3. 集合的运算

交　$A \cap B = \{x \mid x \in A \text{ 且 } x \in B\}$;

并　$A \cup B = \{x \mid x \in A \text{ 或 } x \in B\}$;

补　$\complement_U A = \{x \mid x \in U \text{ 且 } x \notin A\}$,其中 U 是全集,A 是 U 的子集.

二、不等式的解法

1. 解一元二次不等式的分解因式法

把一元二次不等式的右边变成 0,然后把左边分解因式,再根据"同号两数相乘得正数,异号两数相乘得负数",转化成两个一次不等式组,进而求解.

2. 分式不等式

$$\frac{ax+b}{cx+d} < 0 (\leqslant 0) \quad \text{或} \quad \frac{ax+b}{cx+d} > 0 (\geqslant 0)$$

称为线性分式不等式.

解线性分式不等式的主要根据是:同号两数相除得正数,异号两数相除得负数,分母不能为 0.

3. 含有绝对值的不等式

解含有绝对值的不等式,主要是利用下述结论.

对于正实数 a,有 $|x| < a \Leftrightarrow -a < x < a$;

$$|x| > a \Leftrightarrow x < -a \text{ 或 } x > a.$$

不等式的解集通常用区间表示.

第三章

函 数

1. 理解函数、函数单调性、奇偶性、反函数等概念;会求函数的定义域,函数值;会求反函数,会判定函数的单调性和奇偶性.

2. 理解函数的三种表示方法.

3. 理解掌握指数函数和对数函数的图象和性质;会用性质解决简单的问题.

4. 掌握一次函数,二次函数的图象和性质,会用性质解决简单的问题.

学习目标

数学博客

函数符号的故事

函数这个数学名词是莱布尼茨(Leibniz)在 1694 年开始使用的,以描述曲线的一个相关量,如曲线的斜率或者曲线上的某一点.莱布尼茨所指的函数现在被称作可导函数,数学家之外的普通人一般接触到的函数即属此类.对于可导函数可以讨论它的极限和导数,此两者描述了函数输出值的变化同输入值变化的关系,是微积分学的基础.

1718 年,约翰·伯努利(Johann Bernoulli)把函数定义为“一个变量的函数是指由这个变量和常量以任何一种方式组成的一种量”.1748 年,约翰·伯努利的学生欧拉(Leonhard Euler)在《无穷分析引论》一书中说:“一个变量的函数是由该变量和一些数或常量以任何一种方式构成的解析表达式.”例如,$f(x) = \sin x + x^3$. 1775 年,欧拉在《微分学原理》一书中又提出了函数的一个定义:“如果某些量以如下方式依赖于另一些量,即当后者变化时,前者本身也发生变化,则称前一些量是后一些量的函数.”

19 世纪的数学家开始对数学的各个分支做规范整理.维尔斯特拉斯(Karl Weierstrass)提出将微积分学建立在算术,而不是几何的基础上,因而更趋向于欧拉的定义.

到 19 世纪末,数学家开始尝试利用集合论来规范数学.他们试图将每一类数学对象定义为一个集合.狄利克雷(Peter Gustav Lejeune Dirichlet)给出了现代正式的函数定义.狄利克雷的定义将函数视作数学关系的特例.然而对于实际应用的情况,现代定义和欧拉定义的区别可以忽略不计.

第一节 函数的概念

一个边长是 a 的正方体,体积 V 与边长 a 之间的关系是

$$V = a^3 (a > 0).$$

从这个问题的实际意义可知,对于每一个边长 a,由关系式 $V = a^3$,可唯一确定 V 的一个相应值. 上式表明了体积 V 对边长 a 的依赖关系.

一般地,设有两个变量 x 和 y,其中变量 x 的变化范围为非空数集 D,如果对于 D 中的每一个值 x,按照一种确定的关系,都可以唯一确定变量 y 的一个相应值,则称**变量 y 是变量 x 的函数**,记为

$$y = f(x) \ (x \in D).$$

我们把 x 称为**自变量**,自变量 x 的取值集合 D 称为函数的**定义域**,相应于 x 的 y 值称为**函数值**,函数值 y 的集合称为函数的**值域**.

如果一个函数不特别指明它的定义域,则认为这个函数的定义域是使函数有意义的实数全体构成的集合.

例 1 已知 $f(x) = \dfrac{1}{3x-1}$,求 $f(-2), f(0), f\left(\dfrac{1}{2}\right)$ 及定义域.

解 $f(-2) = \dfrac{1}{3 \times (-2) - 1} = -\dfrac{1}{7}$,

$f(0) = \dfrac{1}{3 \times 0 - 1} = -1$,

$f\left(\dfrac{1}{2}\right) = \dfrac{1}{3 \times \dfrac{1}{2} - 1} = 2.$

因为要使已知函数有意义,当且仅当 $3x - 1 \neq 0$,所以该函数的定义域是 $x \neq \dfrac{1}{3}$ 的所有实数,即 $\left\{ x \mid x \neq \dfrac{1}{3} \right\}$ 或 $\left(-\infty, \dfrac{1}{3} \right) \cup \left(\dfrac{1}{3}, +\infty \right)$.

例 2 求函数 $f(x) = \sqrt{x+2}$ 的定义域.

解 要使函数 $f(x) = \sqrt{x+2}$ 有意义,需使 $x + 2 \geq 0$,即 $x \geq -2$,因此函数 $f(x) = \sqrt{x+2}$ 的定义域是 $\{ x \mid x \geq -2 \}$ 或 $[-2, +\infty)$.

例 3 求函数 $y = \sqrt{x-8} + \sqrt{3+x}$ 的定义域.

解 要使函数 $y = \sqrt{x-8} + \sqrt{3+x}$ 有意义,则 $\begin{cases} x - 8 \geq 0, \\ 3 + x \geq 0, \end{cases}$ 即 $x \geq 8$.

因此,函数 $y = \sqrt{x-8} + \sqrt{3+x}$ 的定义域是 $\{ x \mid x \geq 8 \}$ 或 $[8, +\infty)$.

注 定义域的书写格式必须表示为集合形式.

基础练习

1. 已知函数 $f(x) = -x^2 + 2x - 1$，求 $f(1)$，$f(-2)$，$f\left(\dfrac{1}{2}\right)$.

2. 求下列函数的定义域：

$(1)\,f(x) = \sqrt{x-4}$； $(2)\,f(x) = \dfrac{1}{x-5}$.

提升练习

1. 已知函数 $f(x) = 2x - 3$，$x \in \{0,1,2,3,5\}$，求 $f(0)$，$f(2)$，$f(5)$.

2. 已知函数 $f(x) = 2x^2 - x + 3$，求 $f(-x)$，$f(1+x)$.

3. 求下列函数的定义域：

$(1)\,f(x) = \sqrt{2x-8} + \sqrt{3-x}$； $(2)\,f(x) = \sqrt{x-1} + \dfrac{1}{x-2}$；

$(3)^*\,f(x) = \sqrt{2x^2 - x - 3}$； $(4)^*\,f(x) = \sqrt{x} - \sqrt{-x}$；

$(5)^*\,f(x) = \dfrac{\sqrt{4-x^2}}{x-1}$.

4^*. 求下列函数的值域：

$(1)\,f(x) = \dfrac{1}{2}x - 1$，$x \in [-2,4)$； $(2)\,y = \sqrt{x^2 + 2x + 4}$.

第二节 函数的表示法

表示一个函数的方法有解析法、列表法和图象法.

解析法

例如，$y = x^2$，$y = 2x$ 等都是用一个或几个等式来表示两个变量间的关系，这种表示函数的方法称为解析法.

列表法

所谓列表法是指用表格来表示两个变量之间函数关系的方法，下表是一个例子，它记录了李佳上小学时数学的期末考试成绩.

学期	1	2	3	4	5	6	7	8	9	10	11	12
成绩	95	90	85	88	90	91	92	90	95	98	90	85

图象法

所谓图象法是指用图象来表示两个变量之间函数关系的方法，从图 3-1 中可看出,玉米单价(每吨玉米的价格)随着时间的变化而不断起伏,任意时刻都对应着唯一的玉米单价,所以在这里玉米单价是时间的函数.

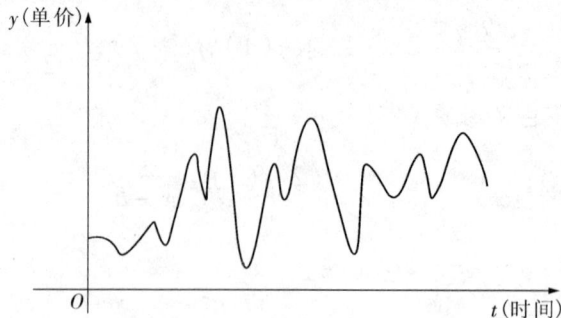

图 3-1

例 1 画出函数 $y=6x$, $x\in(0,10]$ 的图象.

解 $y=6x$ 是一次函数,而定义域是 $(0,10]$,由此可知图象是一条直线段,所以只要指出函数 $y=6x$ 图象上的两个端点,然后用直尺将这两个端点连接起来即可.

列表:

x	0	10
y	0	60

描点:指出以 $(0,0)$ 为坐标的点 A,再指出以 $(10,60)$ 为坐标的点 B.

连线:通过点 A 和点 B 画出一条直线段,这条直线段 AB 就是函数 $y=6x$, $x\in(0,10]$ 的图象. 应特别注意的是,由于图象中不包括点 $A(0,0)$,因此点 A 用空心点表示(见图 3-2).

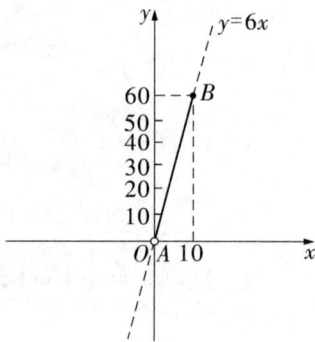

图 3-2

基础练习

1. 试举出一个用列表法表示函数的例子.
2. 画出函数 $y=x^2+1$, $x\in(-1,5)$ 的图象.
3. 画出 $y=2x$ 和 $y=-2x$ 的图象.

提升练习

1. 画出 $f(x)=|x|$ 的图象.
2*. 已知 $f(x)=ax+1$ 的图象经过点 $A(2,1)$,求 a 的值.

第三节　函数的单调性

请观察下列图象,总结函数值随自变量取值的变化规律. 从图 3 - 3 中可以看出:

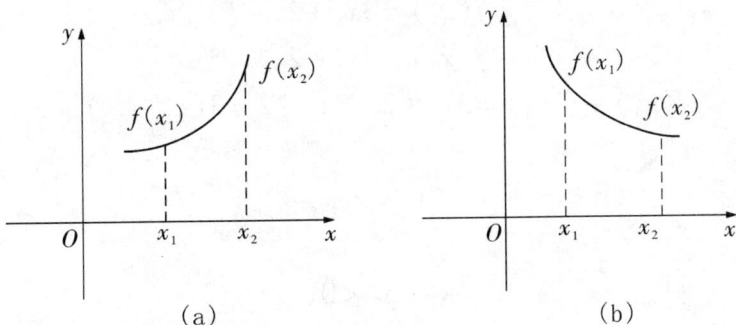

（a）　　　　　　　（b）

图 3 - 3

（1）图 3 - 3（a）中在定义域内,自变量越大函数值越大(自变量越小函数值越小),自变量与函数值变化趋势相同.

（2）图 3 - 3（b）中在定义域内,自变量越大函数值越小(自变量越小函数值越大),自变量与函数值变化趋势相反.

一般地,在函数 $f(x)$ 定义域内某个给定区间 I 上,任选两个自变量的取值 x_1,x_2,如果当 $x_2 > x_1$ 时,总有 $f(x_2) > f(x_1)$,我们就说函数 $f(x)$ 在区间 I 上是增函数;如果当 $x_2 > x_1$ 时,总有 $f(x_2) < f(x_1)$,我们就说函数 $f(x)$ 在区间 I 上是减函数.

若函数 $y = f(x)$ 在区间 I 上是增函数或减函数,那么我们就说函数 $f(x)$ 在区间 I 上具有**单调性**,区间 I 称为函数 $y = f(x)$ 的**单调区间**.

注　在单调区间上,增函数的图象沿 x 轴的正方向是上升的.

在单调区间上,减函数的图象沿 x 轴的正方向是下降的.

例 1　函数 $y = f(x)$ 的定义域是 $[-10,10]$,图 3 - 4 是它的图象,根据图象指出函数 $y = f(x)$ 的单调区间,以及在每一个单调区间上函数 $y = f(x)$ 是增函数还是减函数.

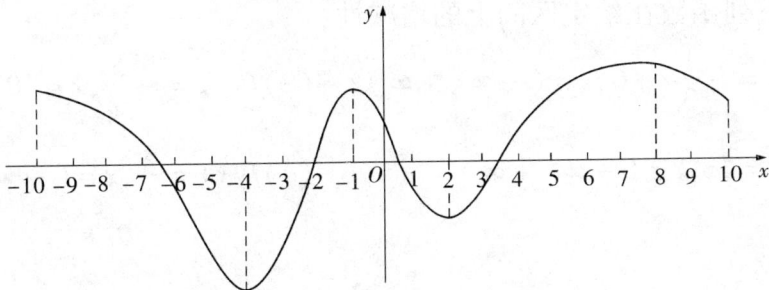

图 3 - 4

解　函数 $y = f(x)$ 的单调区间有:$[-10,-4]$,$[-4,-1]$,$[-1,2]$,

$[2,8]$，$[8,10]$．其中函数 $y=f(x)$ 在区间 $[-10,-4]$，$[-1,2]$，$[8,10]$ 上是减函数，在区间 $[-4,-1]$，$[2,8]$ 上是增函数．

例2 证明函数 $f(x)=3x+2$ 在 $(-\infty,+\infty)$ 上是增函数．

证明 设 x_1,x_2 是任意两个不相等的实数，且 $x_1<x_2$，则有

$$f(x_1)=3x_1+2,$$
$$f(x_2)=3x_2+2,$$
$$f(x_1)-f(x_2)=3x_1+2-3x_2-2=3(x_1-x_2).$$

由于

$$x_1<x_2,$$

因此

$$x_1-x_2<0,$$

所以

$$3(x_1-x_2)<0,$$

即

$$f(x_1)<f(x_2).$$

故函数 $f(x)=3x+2$ 在 $(-\infty,+\infty)$ 上是增函数．

基础练习

1. 指出下列函数的单调区间以及在每一个单调区间上是增函数还是减函数?

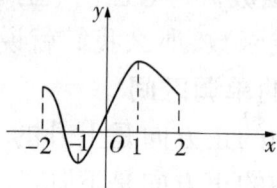

(a)

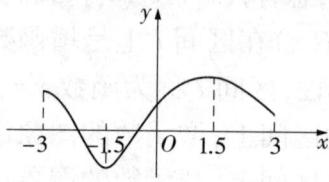

(b)

（第1题）

2. 判断下列函数在给定区间上的增减性：

$(1)f(x)=-\dfrac{1}{3}x+6,x\in(-\infty,+\infty)$；　$(2)f(x)=-\dfrac{5}{x},x\in(0,+\infty)$；

$(3)f(x)=3x,x\in(-\infty,+\infty)$；　$(4)f(x)=\dfrac{3}{x},x\in(-\infty,0)$．

提升练习

1. 证明：函数 $f(x)=-x^2$ 在 $(0,+\infty)$ 上是减函数．

2. 证明:函数 $f(x)=-2|x|$ 在 $(0,+\infty)$ 上是减函数.

3. 判断函数 $f(x)=x^2-6x+5$ 的单调性.

第四节　函数的奇偶性

如图 3-5 所示,请观察 $f(x)=2x$ 与 $g(x)=\dfrac{1}{4}x^2$ 的图象,总结函数图象的规律特征.

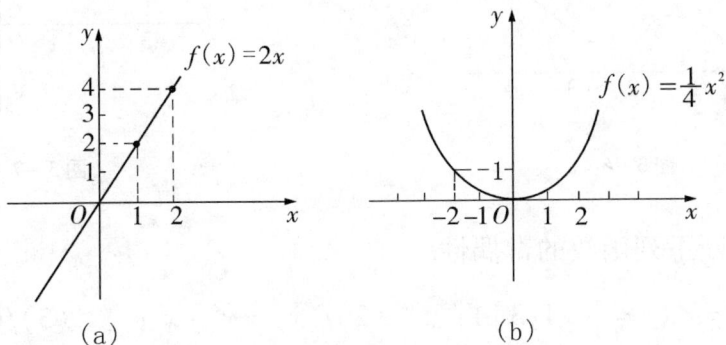

图 3-5

容易发现,这两个图形均为对称图形:

(1)从图 3-5(a)中,我们看出函数 $f(x)=2x$ 的图形是以坐标原点为对称中心的中心对称图形,图象上的每一个点 $(x,f(x))$ 都有关于原点的对称点 $(-x,-f(x))$.

如果对于函数 $y=f(x)$ 的定义域 A 内的任意一个 x,都有 $-x\in A$,并且
$$f(-x)=-f(x)$$
则这个函数叫作**奇函数**.

一个函数是奇函数的充要条件是它的图象关于原点对称.

(2)从图 3-5(b)中,我们看出函数 $f(x)=\dfrac{1}{4}x^2$ 的图形是以 y 轴为对称轴的轴对称图形,图象上的每一个点 $(x,f(x))$ 都有关于 y 轴的对称点 $(-x,f(x))$.

如果对于函数 $y=g(x)$ 的定义域 A 内的任意一个 x,都有 $-x\in A$,并且
$$f(-x)=f(x)$$
则这个函数叫作**偶函数**.

一个函数是偶函数的充要条件是它的图象关于 y 轴对称.

注　定义域关于原点对称是函数具有奇偶性的必要条件.

例1　如图 3-6 所示,给出了奇函数 $y=f(x)$ 的局部图象,求 $f(-4)$.

解　由奇函数的定义及图象,可知 $f(-4)=-f(4)=-2$.

例2 如图 3-7 所示,给出了偶函数 $y = f(x)$ 的局部图象,比较 $f(1)$ 与 $f(3)$ 的大小.

解 由偶函数定义可知 $f(-1) = f(1)$,$f(-3) = f(3)$. 由图可知 $f(-3) > f(-1)$,因此
$$f(3) > f(1).$$

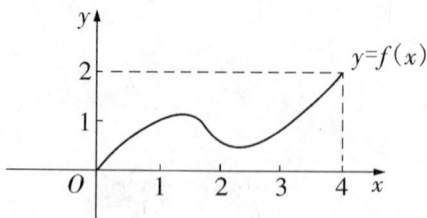

图 3-6

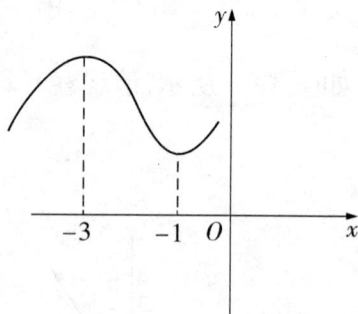

图 3-7

例3 判断下列函数的奇偶性.

(1)$f(x) = x^2 (x \in [-1, 3])$;　　(2)$f(x) = x^2 + x^3$;　　(3)$f(x) = \dfrac{1}{x}$.

解 (1)函数 $f(x) = x^2$ 的定义域是 $[-1, 3]$,定义域不关于原点对称,所以函数 $f(x) = x^2$ 既不是奇函数也不是偶函数.

(2)因为 $f(x) = x^2 + x^3$ 的定义域是实数集 **R**,
$$f(-x) = (-x)^2 + (-x)^3 = x^2 - x^3 \neq f(x),$$
$$-f(x) = -x^2 - x^3 \neq f(-x),$$
所以函数 $f(x) = x^2 + x^3$ 是非奇非偶函数.

(3)因为函数 $f(x) = \dfrac{1}{x}$ 的定义域是 $(-\infty, 0) \cup (0, +\infty)$,当 $x \in (-\infty, 0) \cup (0, +\infty)$ 时,$-x \in (-\infty, 0) \cup (0, +\infty)$.
$$f(-x) = \frac{1}{-x} = -f(x),$$
所以函数 $f(x) = \dfrac{1}{x}$ 是奇函数.

基础练习

判断下列函数的奇偶性:

(1)$f(x) = 5x + x^3$;　　　　(2)$f(x) = 3x + 2$;

(3)$f(x) = x^3 + 1$;　　　　(4)$f(x) = x^2 - 1$;

(5)$f(x) = kx$;　　　　(6)$f(x) = x^3$.

提升练习

1. 判断下列函数的奇偶性:

$(1)f(x) = 2$; $\qquad$ $(2)f(x) = \dfrac{1}{x-1}$; $\qquad$ $(3)f(x) = |x|$.

2^{*}. 若 $f(x)$ 是偶函数, $g(x)$ 是奇函数, 且 $f(x) + g(x) = \dfrac{1}{x-1}$, 求 $f(x)$ 及 $g(x)$.

第五节 反函数

假如你是某一个旅游景区的售票员, 若门票为 10 元, 求出游客人数与门票收入的下列函数关系式, 并画出下列函数的图象.

(1) 求以游客人数为自变量的门票收入的函数关系;

(2) 求以门票收入为自变量的游客人数的函数关系.

分析 (1) 设门票收入为 y, 游客人数为 x, 则门票收入的关系式为 $y = 10x$, 显然游客人数 $x = \dfrac{y}{10}$, 也就是由 $y = 10x$ 求解 x 的过程.

(2) 设游客人数为 y, 门票收入为 x, 则门票收入的关系式为 $y = \dfrac{x}{10}$, 与上面的函数式 $y = 10x$ 对照, 这两个函数的定义域和值域恰好满足: $y = \dfrac{x}{10}$ 的定义域是 $y = 10x$ 的值域, $y = \dfrac{x}{10}$ 的值域是 $y = 10x$ 的定义域.

由以上所求函数式列表如下:

x	0	1		x	0	10
$y = 10x$	0	10		$y = \dfrac{x}{10}$	0	1

所得图象如图 3 - 8 所示:

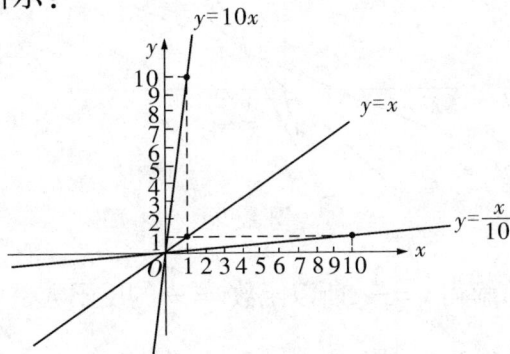

图 3 - 8

通常在函数 $y=f(x)(x\in D)$ 中,设它的值域为 M,我们根据这个函数中 x,y 的关系,用 y 把 x 表示出来,得到 $x=g(y)$. 如果 $x=g(y)(y\in M)$ 也是一个函数,那么我们就把函数 $x=g(y)(y\in M)$ 叫作**函数** $y=f(x)(x\in D)$ **的反函数**,记作

$$x=f^{-1}(y).$$

一般情况下,将 $x=f^{-1}(y)$ 改写成

$$y=f^{-1}(x).$$

今后就称函数 $y=f(x)$ 的反函数就是指 $y=f^{-1}(x)$,$y=f^{-1}(x)$ 的反函数就是 $y=f(x)$,也就是说 $y=f(x)$ 与函数 $y=f^{-1}(x)$ 互为反函数.

注 (1)求解 x 的过程就是求解反函数的过程.

(2)函数 $y=f(x)$ 的定义域就是 $y=f^{-1}(x)$ 的值域;函数 $y=f(x)$ 的值域就是 $y=f^{-1}(x)$ 的定义域.

(3)函数 $y=f(x)$ 与其反函数 $y=f^{-1}(x)$ 的图象关于直线 $y=x$ 对称.

例 求下列函数的反函数,并画出题(1)中函数和反函数的图象,观察其对称性.

(1)$y=2x-1\ (x\in \mathbf{R})$;   (2)$y=\dfrac{1}{x}\ (x\neq 0)$;

(3)$^{*}y=x^{2}-1\ (x\geqslant 0)$;   (4)$^{*}y=\dfrac{2x}{x-1}\ (x\neq 1)$.

解 (1)由 $y=2x-1(x\in \mathbf{R})$ 解得 $x=\dfrac{y+1}{2}$,所以函数 $y=2x-1$ 的反函数是

$$y=\frac{x+1}{2}\ (x\in \mathbf{R}).$$

通过描点法可画出 $y=2x-1(x\in \mathbf{R})$ 和它的反函数 $y=\dfrac{x+1}{2}(x\in \mathbf{R})$ 的图象,如图 3-9 所示:

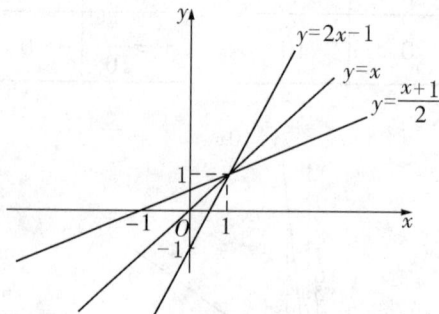

图 3-9

(2)由 $y=\dfrac{1}{x}(x\neq 0)$ 解得 $x=\dfrac{1}{y}$,所以函数 $y=\dfrac{1}{x}$ 的反函数是 $y=\dfrac{1}{x}(x\neq 0)$,即它本身.

(3)* 由 $y=x^{2}-1(x\geqslant 0)$ 得 $x^{2}=y+1$.

由已知 $x \geqslant 0$，推出 $\qquad x = \sqrt{y+1}.$

这里一定有 $y + 1 \geqslant 0$，从而推出 $y \geqslant -1$，所以 $y = x^2 - 1 (x \geqslant 0)$ 的反函数是

$$y = \sqrt{x+1} \ (x \geqslant -1).$$

(4) * 由 $y = \dfrac{2x}{x-1}(x \neq 1)$ 解得

$$x = \frac{y}{y-2} \ (y \neq 2),$$

所以 $y = \dfrac{2x}{x-1}(x \neq 1)$ 的反函数是 $y = \dfrac{x}{x-2}(x \neq 2).$

基础练习

1. 求函数 $y = 2x(x \in \mathbf{R})$ 的反函数，且在同一平面直角坐标系中画出函数 $y = 2x(x \in \mathbf{R})$ 和它的反函数的图象.

2. 求下列函数的反函数：

$(1) y = 3x;$ $\qquad (2) y = \dfrac{2}{x} \ (x \neq 0);$ $\qquad (3) y = \dfrac{1}{x-1} \ (x \neq 1).$

提升练习

求下列函数的反函数：

$(1) y = -\dfrac{1}{2}x + 1 \ (x \in \mathbf{R});$ $\qquad (2) y = \dfrac{x+1}{2x-3} \ (x \neq \dfrac{3}{2});$

$(3) y = x^2 \ (x < 0);$ $\qquad (4) y = x^3 + 1 \ (x \in \mathbf{R}).$

第六节　一次函数

初中学过一次函数 $y = kx + b(k \neq 0, x \in \mathbf{R})$.

特殊情况　若 $b = 0$，则一次函数就是正比例函数.

一次函数 $y = kx + b$ 的图象，简称直线 $y = kx + b$，其中 k 叫作直线 $y = kx + b$ 的斜率，b 叫作**直线 $y = kx + b$ 在 y 轴上的截距**，也称纵截距.

一次函数又叫作**线性函数**.

由以前所学知识可知一次函数 $y = kx + b(k \neq 0)$ 的图象是一条直线，下面来看一次函数的图象：

从图象中可以看出一次函数有如下性质：

(1)一次函数 $y = kx + b(k \neq 0)$ 的定义域为 $\mathbf{R}$，值域为 $\mathbf{R}$.

(2) $k > 0$ 时，从左往右看，一次函数图象呈上升趋势；$k < 0$ 时，从左往右看，

$$k>0 \qquad\qquad k<0$$

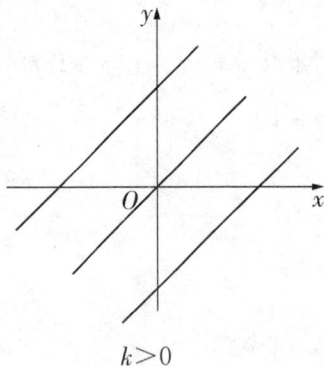

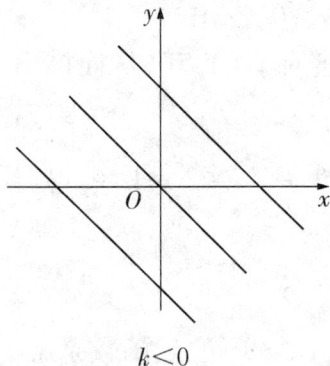

一次函数图象呈下降趋势.

(3) $k>0$ 时,函数值 y 与自变量 x 的变化趋势一致,函数在定义域内为增函数; $k<0$ 时,函数值 y 与自变量 x 的变化趋势相反,函数在定义域内为减函数.

(4) 若 $b=0$ 时,一次函数 $y=kx(k\neq 0,x\in \mathbf{R})$ 为奇函数.

例 1 在下列函数中,哪些是增函数? 哪些是减函数?

(1) $y=-3x$; (2) $y=-2x+3$; (3) $y=\dfrac{1}{3}x$.

解 (1) 因为 $k=-3<0$,所以 $y=-3x$ 在定义域内是减函数;

(2) 因为 $k=-2<0$,所以 $y=-2x+3$ 在定义域内是减函数;

(3) 因为 $k=\dfrac{1}{3}>0$,所以 $y=\dfrac{1}{3}x$ 在定义域内是增函数.

例 2 求下列函数的斜率和在 y 轴上的截距.

(1) $y=5x+6$; (2) $y=-2x-1$.

解 (1) 函数 $y=5x+6$ 表达式中,$k=5,b=6$,故斜率为 5,在 y 轴上的截距为 6;

(2) 函数 $y=-2x-1$ 表达式中,$k=-2,b=-1$,故斜率为 -2,在 y 轴上的截距为 -1.

基础练习

1. 求下列函数的斜率和在 y 轴上的截距:

(1) $y=\dfrac{1}{3}x+5$; (2) $y=-3x-1$; (3) $y=\dfrac{1}{2}x$.

2. 画出下列函数的图形:

(1) $y=x$; (2) $y=-x$;

(3) $y=2x+1$; (4) $y=-x+1$.

提升练习

1. 已知一次函数的图象过点 $\left(\dfrac{1}{2}, 2\right)$，且在 y 轴上的截距为 1，求其表达式.

2. 在 y 轴上的截距为 1 且过点 $(1, 0)$ 的直线与两个坐标轴围成的三角形面积是多少?

第七节　一元二次函数

我们知道二次函数 $y = ax^2 + bx + c\,(a \neq 0)$ 的定义域是 **R**，它的图象是一条抛物线，对任何二次函数

$$y = ax^2 + bx + c \ (a \neq 0).$$

可通过配方，化为

$$y = a\left(x + \dfrac{b}{2a}\right)^2 + \dfrac{4ac - b^2}{4a} = a(x + h)^2 + k,$$

其中 $h = \dfrac{b}{2a}, k = \dfrac{4ac - b^2}{4a}$.

从以上配方式可得到二次函数有如下性质:

(1) 函数的图象是一条抛物线，抛物线的顶点坐标是 $(-h, k)$，抛物线的对称轴是直线 $x = -h$;

(2) 当 $a > 0$ 时，抛物线开口向上，函数在 $x = -h$ 处取最小值 $f(-h) = k$;

(3) 当 $a < 0$ 时，抛物线开口向下，函数在 $x = -h$ 处取最大值 $f(-h) = k$.

例 1　求函数 $y = x^2 - x - 6$ 的最值、对称轴和顶点坐标.

解　因为
$$y = x^2 - x - 6 = \left(x - \dfrac{1}{2}\right)^2 - \dfrac{25}{4},$$

$a = 1 > 0$，抛物线开口向上，因此函数有最小值

$$y_{\min} = -\dfrac{25}{4}.$$

$x = \dfrac{1}{2}$ 是它的图象的对称轴，顶点坐标为 $\left(\dfrac{1}{2}, -\dfrac{25}{4}\right)$.

例 2　已知函数 $y = x^2 + 4x + 3$，试问:

(1) x 取哪些值时，$y = 0$;

（2）x 取哪些值时，$y > 0$ ；x 取哪些值时，$y < 0$.

解 （1）求使 $y = 0$ 的 x 值，即求二次方程

$x^2 + 4x + 3 = 0$ 的所有根，解得

$$x_1 = -3, x_2 = -1.$$

这就是说当 $x = -3$ 或 $x = -1$ 时，都有函

数值 $y = 0$.

（2）从图 3-10 可以看出函数图象开口向

上，与 x 轴交于两点 $(-3, 0)$，$(-1, 0)$，这两点

把 x 轴分成三段，当 $x \in (-3, -1)$ 时，$y < 0$；当 $x \in (-\infty, -3) \cup (-1, +\infty)$

时，$y > 0$.

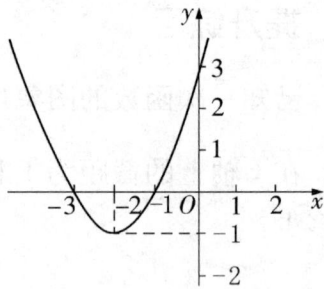

图 3-10

基础练习

1. 求下列函数的最大值或最小值：

（1）$f(x) = x^2 + 8x + 3$；　　　（2）$f(x) = -x^2 + x + 1$.

2. 求出下列函数图象的开口方向、对称轴、顶点的坐标和最值.

（1）$f(x) = -2x^2 + x - 1$；　　　（2）$f(x) = \dfrac{1}{2}x^2 - 5x$.

3*. 下列函数的自变量在什么范围内取值时，函数值大于零、小于零或等

于零？

（1）$y = x^2 + 2x + 8$；　　　（2）$y = -2x^2 - 4x + 6$.

提升练习

1. 求函数 $y = -\dfrac{1}{2}x^2 + 3x - 1$ 的图象的对称轴、顶点坐标、函数的最大值或最

小值及单调区间.

2. 已知二次函数 $y = ax^2 + bx + c \, (a \neq 0)$ 的顶点为 $(1, -1)$，图象过点 $(0, 2)$，

求该函数的解析式.

第八节　指数函数

一、指数的运算

前面已经复习了整数指数幂的意义及运算法则,并回顾了方根的概念,现将上述内容进行推广.

应用幂的运算法则可知:

$$(a^{\frac{1}{3}})^3 = a^{\frac{1}{3}\cdot 3} = a; \qquad\qquad (a^{\frac{2}{3}})^3 = a^{\frac{2}{3}\cdot 3} = a^2;$$

$$(\sqrt[3]{a})^3 = a; \qquad\qquad [(\sqrt[3]{a})^2]^3 = [(\sqrt[3]{a})^3]^2 = a^2.$$

显然 $a^{\frac{1}{3}} = \sqrt[3]{a}, a^{\frac{2}{3}} = \sqrt[3]{a^2}$.

于是可定义: $a^{\frac{1}{n}} = \sqrt[n]{a}; a^{\frac{m}{n}} = \sqrt[n]{a^m}$ ($m,n \in \mathbf{N}_+$ 且 $\frac{m}{n}$ 为既约分数).

负分数指数幂的意义规定:当 $a>0$ 时, $a^{-\frac{m}{n}} = \dfrac{1}{a^{\frac{m}{n}}}$ ($m,n \in \mathbf{N}_+$ 且 $\frac{m}{n}$ 为既约分数).

由此可把整数指数幂推广到有理指数幂,有理指数幂还可以推广到实数指数幂,即

(1) $a^\alpha \cdot a^\beta = a^{\alpha+\beta}$;

(2) $(a^\alpha)^\beta = a^{\alpha\beta}$;

(3) $(ab)^\alpha = a^\alpha \cdot b^\alpha$. 　（其中 α,β 为实数）

例1　用分数指数幂表示下列各式:

(1) $\sqrt[4]{(a+b)^3}$; 　　　　　　(2) $\sqrt[3]{m^2+n^2}$.

解　(1) $\sqrt[4]{(a+b)^3} = (a+b)^{\frac{3}{4}}$;

(2) $\sqrt[3]{m^2+n^2} = (m^2+n^2)^{\frac{1}{3}}$.

例2　计算下列各式:

(1) $a^{\frac{1}{3}} \cdot a^{\frac{5}{6}} \div a^{-\frac{1}{2}}$; 　　　　(2) $\sqrt[6]{(\frac{8a^3}{125b^3})^4}$.

解　(1) $a^{\frac{1}{3}} \cdot a^{\frac{5}{6}} \div a^{-\frac{1}{2}} = a^{[\frac{1}{3}+\frac{5}{6}-(-\frac{1}{2})]} = a^{\frac{5}{3}}$;

$(2)\sqrt[6]{\left(\dfrac{8a^3}{125b^3}\right)^4}=\left(\dfrac{8a^3}{125b^3}\right)^{\frac{2}{3}}=\left[\dfrac{(2a)^3}{(5b)^3}\right]^{\frac{2}{3}}=\left(\dfrac{2a}{5b}\right)^2=\dfrac{4a^2}{25b^2}.$

基础练习

1. 用分数指数幂表示下列各式.

$(1)\ \sqrt[3]{81}$ $\qquad$ $(2)\ \sqrt[3]{(a+b)^2}$

2. 计算：

$(1)\ 27^{\frac{2}{3}}$ $\qquad$ $(2)\ \left(\dfrac{1}{3}xy\right)^2\cdot(9y)$ $\qquad$ $(3)\ 2\sqrt{2}\cdot\sqrt[4]{2}\cdot\sqrt[8]{2}$

$(4)\ \sqrt[3]{\dfrac{3y}{x}}\cdot\sqrt{\dfrac{3x^2}{y}}$ $\qquad$ $(5)\ \left(x^{\frac{1}{2}}\cdot y^{-\frac{1}{3}}\right)^6$

二、指数函数

小王的家长于 2001 年 4 月 7 日存入银行 5 000 元人民币, 整存整取一年期的年利率为 2.25%, 利息的税率为 20%. 他按照一年期存入银行.

(1) 如果一年后到期 (指到期日, 以后不再每次说明) 取出, 那么连本带息 (指税后利息, 以后同此约定) 共有多少元?

(2) 如果一年后连本带息转存, 第二年后再取出, 那么连本带息共有多少元?

(3) 如果银行有到期自动转存业务, 第三年后才取出, 那么连本带息共有多少元?

分析 (1) 一年后取出, 那么连本带息共有

$$5\ 000+5\ 000\times2.25\%\times(1-20\%)$$
$$=5\ 000\times(1+2.25\%\times80\%)$$
$$=5\ 000\times1.018(元).$$

(2) 如果一年后连本带息转存, 第二年后再取出, 则连本带息共有

$$5\ 000\times1.018+5\ 000\times1.018\times2.25\%\times80\%$$
$$=5\ 000\times1.018\times(1+2.25\%\times80\%)$$
$$=5\ 000\times1.018^2(元).$$

（3）如果银行有到期自动转存业务,第三年后才取出,则连本带息共有

$$5\ 000 \times 1.018^2 + 5\ 000 \times 1.018^2 \times 2.25\% \times 80\%$$

$$= 5\ 000 \times 1.018^2 \times (1 + 2.25\% \times 80\%)$$

$$= 5\ 000 \times 1.018^3 (元).$$

从上述计算存款的本金与利息的和,可以看到一个幂的指数在变化,从而幂也跟着发生变化,这促使我们去研究像 $y = 1.018^x$ 这样的函数.

一般地,设 $a > 0$ 且 $a \neq 1$,形如 $y = a^x$ 的函数称为**指数函数**.

由实数指数幂的运算性质可知:当 $a > 0$ 时,对于每一个实数 x,都有唯一确定的实数值 a^x 与它对应,因此,指数函数 $y = a^x$ 的定义域是实数集 **R**.

下面研究指数函数 $y = a^x (a > 0$ 且 $a \neq 1)$ 的图象和性质,由于 a 的取值范围可以分为 $0 < a < 1$ 和 $a > 1$ 两部分,则分别以底数 $a = 2$ 和 $a = \dfrac{1}{2}$ 为例进行讨论.

为了便于研究,可在同一个平面直角坐标系中用描点法画出函数 $y = 2^x$ 和 $y = (\dfrac{1}{2})^x$ 的图象,列表如下所示:

x	$\cdots$	-3	-2	-1	0	1	2	3	$\cdots$
$y = 2^x$	$\cdots$	$\dfrac{1}{8}$	$\dfrac{1}{4}$	$\dfrac{1}{2}$	1	2	4	8	$\cdots$
$y = (\dfrac{1}{2})^x$	$\cdots$	8	4	2	1	$\dfrac{1}{2}$	$\dfrac{1}{4}$	$\dfrac{1}{8}$	$\cdots$

从图 3-11 可以看出,两函数的性质与图象如下:

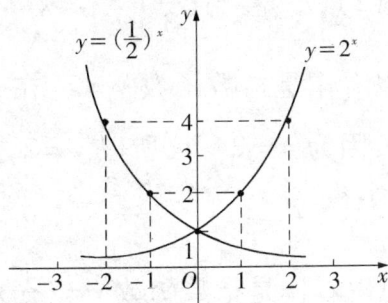

图 3-11

	$y = a^x (a > 0$ 且 $a \neq 1), x \in \mathbf{R}$	
	$a > 1$	$0 < a < 1$
性质	定义域为 $\mathbf{R}$,值域为 $\mathbf{R}^+$	
	$x = 0, y = 1$,即过 $(0,1)$ 点	
	当 $x > 0$ 时,$y > 1$; 当 $x < 0$ 时,$0 < y < 1$	当 $x > 0$ 时,$0 < y < 1$; 当 $x < 0$ 时,$y > 1$
	在 $(-\infty, +\infty)$ 上是增函数	在 $(-\infty, +\infty)$ 上是减函数
	在 $(-\infty, +\infty)$ 上是非奇非偶函数	
图象		

例1　指出下列函数在 $(-\infty, +\infty)$ 上是增函数还是减函数?

(1) $y = 3^x$;　　　　(2) $y = \left(\dfrac{1}{10}\right)^x$.

解　(1)因为 $3 > 1$,所以函数 $y = 3^x$ 在 $(-\infty, +\infty)$ 上是增函数;

(2)因为 $0 < \dfrac{1}{10} < 1$,所以函数 $y = \left(\dfrac{1}{10}\right)^x$ 在 $(-\infty, +\infty)$ 上是减函数.

例2　利用指数函数的性质比较下列各题中两个实数的大小.

(1) $2^{4.5}$ 与 $2^{4.9}$;　　　　(2) $\left(\dfrac{1}{3}\right)^{-4}$ 与 $\left(\dfrac{1}{3}\right)^{-5}$;　　　　(3) $3^{0.4}$ 与 1.

解　(1) $2^{4.5}$ 和 $2^{4.9}$ 可以看作是指数函数 $y = 2^x$ 在 $x = 4.5$ 和 $x = 4.9$ 时的函数值. 在指数函数 $y = 2^x$ 中,因为 $a = 2 > 1$,所以 $y = 2^x$ 在 $(-\infty, +\infty)$ 上是增函数,又因为 $4.5 < 4.9$,所以 $2^{4.5} < 2^{4.9}$;

(2) $\left(\dfrac{1}{3}\right)^{-4}$ 和 $\left(\dfrac{1}{3}\right)^{-5}$ 可以看作是指数函数 $y = \left(\dfrac{1}{3}\right)^x$ 在 $x = -4$ 和 $x = -5$ 时的函数值. 在指数函数 $y = \left(\dfrac{1}{3}\right)^x$ 中,因为 $0 < a = \dfrac{1}{3} < 1$,所以 $y = \left(\dfrac{1}{3}\right)^x$ 在 $(-\infty,$

$+\infty$)上是减函数,又因为 $-4>-5$,所以 $\left(\dfrac{1}{3}\right)^{-4}<\left(\dfrac{1}{3}\right)^{-5}$.

(3)因为 $3^0=1$,所以是比较 $3^{0.4}$ 与 3^0.

$3^{0.4}$ 与 3^0 可以看作是指数函数 $y=3^x$ 在 $x=0.4$ 和 $x=0$ 时的函数值. 在指数函数 $y=3^x$ 中,因为 $a=3>1$,所以 $y=3^x$ 在 $(-\infty,+\infty)$ 上是增函数,又因为 $0.4>0$. 所以 $3^{0.4}>3^0$,即 $3^{0.4}>1$.

例 3 某城市现有人口 100 万,根据最近 20 年的统计资料,这个城市的人口的年自然增长率为 1.2%,按这个增长率计算:

(1)10 年后这个城市的人口预计有多少万?

(2)20 年后这个城市的人口预计有多少万?

(3)在今后 20 年内,前 10 年与后 10 年分别增加了多少万人?

解 (1)按年自然增长率 1.2% 计算,1 年后该城市的人口总数为:

$$100+100\times1.2\%=100\times(1+1.2\%)=100\times1.012(万).$$

2 年后该城市的人口总数为

$$100\times1.012+100\times1.012\times1.2\%=100\times1.012^2(万).$$

从而 10 年后该城市的人口总数为

$$100\times1.012^{10}\approx112.67(万).$$

(2)20 年后该城市的人口总数为

$$100\times1.012^{20}\approx126.94(万).$$

(3)在今后 20 年内,前 10 年增加人口数为

$$112.67-100=12.67(万).$$

后 10 年增加人口数为

$$126.94-112.67=14.27(万).$$

例 4* 解不等式:

(1) $2^{x^2}<2^x$;　　　　(2) $0.2^{2x}<0.2^{x+2}$.

解 (1)因为指数函数 $y=2^x$ 在 $(-\infty,+\infty)$ 上是增函数,所以由 $2^{x^2}<2^x$ 可得 $x^2<x$,即 $x(x-1)<0$,解得 $0<x<1$,所以不等式的解集是 $\{x|0<x<1\}$.

(2)因为指数函数 $y=0.2^x$ 在 $(-\infty,+\infty)$ 上是减函数,所以由 $0.2^{2x}<0.2^{x+2}$ 可得 $2x>x+2$,解得 $x>2$,所以不等式的解集是 $\{x|x>2\}$.

例 5 *　根据下列条件判定 a 的取值范围：

(1) $a^3 > a^{3.1}$;　　　(2) $a^{-\frac{3}{4}} > a^{-\frac{4}{3}}$.

分析　根据指数函数的增减性，由逆向思维先确定 $y = a^x$ 的增减性，再确定底数 $a > 1$，还是 $0 < a < 1$.

解　(1)由实数指数幂的性质知：$a > 0$，$a^3 > a^{3.1}$，且 $3 < 3.1$，得 $y = a^x$ 是减函数，因此 $0 < a < 1$;

(2)由实数指数幂的性质知：$a > 0$，且 $a^{-\frac{3}{4}} > a^{-\frac{4}{3}}$，且 $-\frac{3}{4} > -\frac{4}{3}$，得 $y = a^x$ 是增函数，因此 $a > 1$.

基础练习

1. 利用指数函数的性质比较下列各题中两个实数的大小：

(1) $3^{0.8}$ 与 $3^{0.7}$;　　　　　(2) $0.75^{-0.1}$ 与 $0.75^{0.1}$;　　　　　(3) $2^{0.5}$ 与 1.

2. 已知函数 $f(x) = 2^x$，求 $f(0)$，$f(2)$，$f(-3)$.

3. 指出下列函数在 $(-\infty, +\infty)$ 上是增函数还是减函数？

(1) $y = \left(\frac{3}{4}\right)^x$;　　　　　(2) $y = 1.3^x$;　　　　　(3) $y = e^x$.

提升练习

1. 求下列函数的定义域和值域：

(1) $y = 2^x + 3$;　　　　　(2) $y = \sqrt{1 - 3^x}$.

2. 1995 年我国人口总数是 12 亿，如果人口的自然增长率控制在 1.25%，问哪一年人口总数达 14 亿？

3. 老张有 1 000 元人民币按 2 年期整存整取的方式存入银行，2 年期的年利率为 2.43%，利息的税率为 20%. 如果每过 2 年连本带息转存，那么 6 年后连本带息有多少元？

4 *. 不等式 $3^{a^2 + 2ax} > \left(\frac{1}{3}\right)^{x^2 - 3x}$ 对一切实数 x 恒成立，求实数 a 的取值范围.

第九节 对数函数

一、对数及其运算

(一)对数的运算

在指数式 $a^b = N$ 中,a,b,N 3 个量,若已知其中 2 个量,就可以求出第 3 个量.若已知 a,N,如何求 b 呢? 如:已知 $3^x = 27$,求 x.因为 $3^3 = 27$,所以 $x = 3$.又如 $3^x = 20$,如何求 x? 要想解决这个问题,我们需要引入一个新概念——**对数**.

一般地,在指数式 $a^b = N$($a > 0$ 且 $a \neq 1$)中,称 b 是以 a 为底 N 的对数,并且把 b 记为 $\log_a N$,即

$$\log_a N = b.$$

其中 a 称为对数的**底数(简称底)**,N 称为**真数**(见图 3 – 12).

又如 $a^0 = 1, a^1 = a$.

即 **1 的对数等于 0,底数的对数等于 1**.

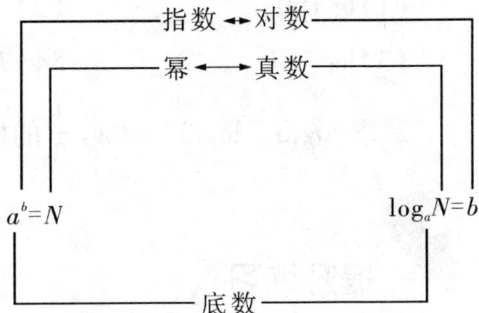

图 3 – 12

由于 $a^b > 0$,即**零和负数没有对数**.

对数恒等式

(1)$a^{\log_a N} = N$;   (2)$\log_a a^N = N$.

例 1 求 $\log_2 2, \log_2 1, \log_2 \dfrac{1}{2}, \log_2 16, \log_3 3^2, 2^{\log_2 10}$ 的值.

解 $\log_2 2 = 1$;$\log_2 1 = 0$;

由于 $2^{-1} = \dfrac{1}{2}$,因此 $\log_2 \dfrac{1}{2} = -1$;

由于 $2^4 = 16$,因此 $\log_2 16 = 4$;

利用对数恒等式,得 $\log_3 3^2 = 2$;$2^{\log_2 10} = 10$.

常用对数

以 10 为底的对数称为**常用对数**,通常把 $\log_{10} N$ 简记为 $\lg N$.

例2 求 $\lg 1, \lg \frac{1}{10}, \lg 0.001, \lg 10\,000$ 的值.

解 由于 $\log_a 1 = 0$, 因此 $\lg 1 = 0$;

由于 $10^{-1} = \frac{1}{10}$, 因此 $\lg \frac{1}{10} = -1$;

由于 $10^{-3} = 0.001$, 因此 $\lg 0.001 = -3$;

由于 $10^4 = 10\,000$, 因此 $\lg 10\,000 = 4$.

基础练习

1. 计算:

(1) $\lg 100$;   (2) $\log_2 8$;

(3) $\log_4 64$;   (4) $7^{\log_7 2}$.

2. 求 $\log_3 3 \cdot \log_3 27 \cdot \log_3 \frac{1}{3}$ 的值.

提升练习

1. 求 $\lg 100 + \lg 10 + \lg 1$ 的值.

2. 求 $\lg \lg 10$ 的值.

（二）对数的运算法则

设 $a > 0$ 且 $a \neq 1$, M、N 都是正实数, 则有

(1) $\log_a(M \cdot N) = \log_a M + \log_a N$.

正因数积的对数等于各因数对数的和.

(2) $\log_a \frac{M}{N} = \log_a M - \log_a N$.

两个正数商的对数等于被除数的对数减去除数的对数.

(3) $\log_a M^p = p \log_a M$.

正数幂的对数等于幂的指数乘以幂底数的对数.

例1 计算 $\lg \sqrt[5]{100}$ 及 $\log_2(4^7 \times 2^5)$ 的值.

解 $\lg \sqrt[5]{100} = \frac{1}{5}\lg 100 = \frac{1}{5} \times 2 = \frac{2}{5}$;

$\log_2(4^7 \times 2^5) = \log_2 4^7 + \log_2 2^5 = 14 + 5 = 19$.

例2 计算下列各题:

$(1) 2^{\log_2 5}; (2) 2^{1+\log_2 5}; (3) 2^{2-\log_2 5}; (4) 2^{3\log_2 5}.$

解 $(1)\ 2^{\log_2 5} = 5;$

$(2) 2^{1+\log_2 5} = 2 \times 2^{\log_2 5} = 2 \times 5 = 10;$

$(3) 2^{2-\log_2 5} = \dfrac{2^2}{2^{\log_2 5}} = \dfrac{4}{5};$

$(4) 2^{3\log_2 5} = (2^{\log_2 5})^3 = 5^3 = 125.$

基础练习

计算:

$(1)\log_3(27 \times 9^2);$ $\qquad$ $(2)\log_7 \sqrt[3]{49};$

$(3)\lg 2 + \lg 5;$ $\qquad$ $(4)\log_2 64 - \log_2 16.$

提升练习

计算下列各式:

$(1)\log_2 6 - \log_2 3;$ $\qquad$ $(2)\lg 2^2 - \lg 2^3;$

$(3)\lg 5 + \lg 2;$ $\qquad$ $(4)\log_3 5 + \log_3 \dfrac{1}{5}.$

(三)自然对数与换底公式

自然对数

以无理数 $e \approx 2.71828$ 为底的对数称为自然对数,把 $\log_e N$ 简记为 $\ln N$。

换底公式

利用常用对数可以求得任意一个以正数为底的对数. 现说明如何根据对数的性质,以 10 为底的对数求以其他正数 $a(a \neq 1)$ 为底的对数.

例1 求 $\log_3 5$ 的值.

解 设 $\log_3 5 = x$,写成指数形式得 $3^x = 5$.

两边取常用对数得

$$\lg 3^x = \lg 5,$$

$$x = \frac{\lg 5}{\lg 3},$$

即 $\qquad\qquad\qquad\qquad\qquad\quad \log_3 5 = \dfrac{\lg 5}{\lg 3}.$

一般地,

$$\log_a b = \frac{\log_c b}{\log_c a} = \frac{\lg b}{\lg a}, 其中 c > 0 且 c \neq 1.$$

例 2 求 $\log_2 3 \cdot \log_{27} 128$ 的值.

解 $\log_2 3 \cdot \log_{27} 128 = \dfrac{\lg 3}{\lg 2} \cdot \dfrac{\lg 128}{\lg 27} = \dfrac{\lg 3}{\lg 2} \cdot \dfrac{\lg 2^7}{\lg 3^3} = \dfrac{7}{3}.$

基础练习

1. 求 $\ln 1, \ln e, \ln e^3$ 的值.

2. 求 $\log_8 9 \cdot \log_{27} 32$ 的值.

提升练习

1. 计算: $\log_3 25 \cdot \log_5 49 \cdot \log_7 9$.

2. 求证: $\log_x y \cdot \log_y z \cdot \log_z x = 1$.

二、对数函数

设 $a > 0$ 且 $a \neq 1$, 指数函数 $y = a^x$ 有没有反函数? 如果有的话, 它的反函数的解析表达式是什么?

由于 $a > 0$ 且 $a \neq 1$ 时, 有

$$\log_a N = b \Leftrightarrow a^b = N.$$

因此指数函数的反函数是

$$y = \log_a x.$$

我们把函数 $y = \log_a x$ 叫作**对数函数**, 其中 $a > 0$ 且 $a \neq 1$, 则有:

	指数函数 $y = a^x$	对数函数 $y = \log_a x$
定义域	$\mathbf{R}$	$\mathbf{R}^+$
值 域	$\mathbf{R}^+$	$\mathbf{R}$
对应法则	$a^b = N, b \in \mathbf{R} \Leftrightarrow \log_a N = b, N \in \mathbf{R}^+$	
图 像	$y = a^x$ 的图象与 $y = \log_a x$ 的图象关于直线 $y = x$ 对称	

我们将对数函数 $y = \log_a x\,(a > 0$ 且 $a \neq 1)$ 的图象和性质列于下表中：

	$y = \log_a x, x > 0$	
	$a > 1$	$0 < a < 1$
性质	定义域是 $\mathbf{R}^+$，值域是 $\mathbf{R}$	
	当 $x = 1$ 时，$y = 0$，即过 $(1, 0)$ 点	
	当 $x > 1$ 时，$y > 0$； 当 $0 < x < 1$ 时，$y < 0$	当 $0 < x < 1$ 时，$y > 0$； 当 $x > 1$ 时，$y < 0$
	在 $(0, +\infty)$ 上是增函数	在 $(0, +\infty)$ 上是减函数
	在 $(-\infty, +\infty)$ 上是非奇非偶函数	
图象		

例 1　指出下列对数函数在区间 $(0, +\infty)$ 上是增函数还是减函数.

（1）$y = \log_3 x$；　　　（2）$y = \log_{\frac{1}{3}} x$.

解　（1）因为 $a = 3 > 1$，所以 $y = \log_3 x$ 在区间 $(0, +\infty)$ 上是增函数.

（2）因为 $0 < a = \dfrac{1}{3} < 1$，所以 $y = \log_{\frac{1}{3}} x$ 在区间 $(0, +\infty)$ 上是减函数.

例 2　利用对数函数的性质比较下列各题中两个实数的大小.

（1）$\log_3 2$ 与 $\log_3 5$；　　　（2）$\log_{\frac{1}{2}} 5$ 与 1.

解　（1）$\log_3 2$ 和 $\log_3 5$ 可以看作对数函数 $y = \log_3 x$ 在 $x = 2$ 和 $x = 5$ 时的函数值. 在对数函数 $y = \log_3 x$ 中，因为 $a = 3 > 1$，所以对数函数 $y = \log_3 x$ 在 $(0, +\infty)$ 上是增函数，又因为 $2 < 5$，所以 $\log_3 2 < \log_3 5$.

（2）因为 $\log_{\frac{1}{2}} \dfrac{1}{2} = 1$，所以原题是比较 $\log_{\frac{1}{2}} 5$ 与 $\log_{\frac{1}{2}} \dfrac{1}{2}$，$\log_{\frac{1}{2}} 5$ 和 $\log_{\frac{1}{2}} \dfrac{1}{2}$ 可以看作是对数函数 $y = \log_{\frac{1}{2}} x$ 在 $x = 5$ 和 $x = \dfrac{1}{2}$ 时的函数值. 在对数函数 $y = \log_{\frac{1}{2}} x$ 中，因为 $0 < a = \dfrac{1}{2} < 1$，所以对数函数 $y = \log_{\frac{1}{2}} x$ 在 $(0, +\infty)$ 上是减函数，又因为 $5 > \dfrac{1}{2}$，所以 $\log_{\frac{1}{2}} 5 < 1$.

例 3　某市现有人口 500 万，人口的年自然增长率为 1.2%，以此预计经过多少年后这个城市的人口将突破 700 万？

解 第 1 年后人口增长为

$$500 + 500 \times 1.2\% = 500 \times (1 + 1.2\%) = 500 \times 1.012 (万).$$

2 年后该城市的人口总数为

$$500 \times 1.012 + 500 \times 1.012 \times 1.2\% = 500 \times 1.012^2 (万).$$

设 x 年后该城市的人口总数为 700 万,则有

$$500 \times 1.012^x = 700,$$

$$1.012^x = \frac{7}{5},$$

$$x = \log_{1.012} \frac{7}{5}.$$

基础练习

1. 指出下列对数函数在 $(0, +\infty)$ 上是增函数还是减函数.

$(1) y = \ln x$;　　　　　$(2) y = \log_{\frac{1}{2}} x$;　　　　　$(3) y = \log_3 x$.

2. 比较下列实数大小:

$(1) \log_2 2.1$ 与 $\log_2 2.2$;

$(2) \log_{\frac{1}{2}} 1.2$ 与 1;

$(3)^* \ln 0.8$ 与 0.

提升练习

1. 比较 $\ln e$ 与 $\log_2 e$ 的大小.

2. 求下列函数的定义域:

$(1) y = \log_a (x + 1)$;　　　$(2) y = \log_a (x^2 + 2x - 3)$.

3. 某县 2000 年全县国民生产总值为 10 亿元,如果年增长率保持 8%,试问多少年后该县的国民生产总值能翻一番(达到 20 亿元).

$4^*.$ 已知 $f(x) = \log_2 \frac{1+x}{1-x}$.

(1) 求 $f(x)$ 的定义域;

(2) 求使 $f(x) > 0$ 的 x 的取值范围.

$5^*.$ 求函数 $y = \log_2 (-x^2 - 4x + 4)$ 的定义域.

$6^*.$ 讨论函数 $y = \log_3 (x^2 - x)$ 的单调性.

综合训练三

1. 求下列函数在指定处的函数值:

(1)已知 $f(x)=2x-3$,求 $f(0)$,$f(1+x)$.

(2)已知 $f(x)=2x^2+5$,求 $f(1)$,$f(a)$.

2. 求下列函数的定义域:

(1)$f(x)=\sqrt{4x-5}$;　　　　　(2)$f(x)=\sqrt{x^2+3x-4}$;

(3)$f(x)=\sqrt{x+4}+\sqrt{2-x}$;　　(4)$f(x)=\log_2(x+4)$;

(5)$^*f(x)=\log_{0.5}(9-x^2)$;　　(6)$^*f(x)=\sqrt{\log_2(x^2-3x+2)}$.

3. 求下列函数的反函数:

(1)$y=\dfrac{1}{3x-1}$ $(x\in \mathbf{R}$且$x\neq \dfrac{1}{3})$;　(2)$y=x^2$ $(x\leqslant 0)$;

(3)$y=\sqrt[3]{x-1}$ $(x\in \mathbf{R})$.

4. 判断下列函数的奇偶性:

(1)$f(x)=-\dfrac{4}{x}$;　　　　　(2)$f(x)=x+\dfrac{1}{x^5}$;

(3)$f(x)=5$;　　　　　　　(4)$f(x)=x^2+2x+1$.

5. 求下列一次函数的斜率及在 y 轴上的截距:

(1)$y=\dfrac{1}{2}x-6$;　　　　　(2)$y=-2x+\dfrac{1}{5}$.

6. 已知点 $A(1,3)$,点 B 是正比例函数图象上的两点,点 B 的横坐标为 3,求点 B 的纵坐标.

7. 已知直线 $y=x-3$ 和直线 $y=-x-5$,求两条直线的交点 A 及分别与 x 轴的交点 B 和 C.

8. 判断函数 $f(x)=2x^2-2$ 在 $\mathbf{R}$ 上的单调性.

9. 利用指数函数的性质, 比较下列各题中两个值的大小:

(1) $1.2^{2.3}$ 与 $1.2^{2.5}$;

(2) 0.8^{-3} 与 $0.8^{-2.5}$.

10. 比较下列各题中两个值的大小:

(1) $\log_{\frac{2}{3}} 0.5$ 与 $\log_{\frac{2}{3}} 0.6$;

(2) $\log_2 0.3$ 与 $\log_2 0.03$.

11*. 利用指数和对数的定义解下列方程:

(1) $3^{2x-2} = 81$;

(2) $\sqrt{5^x} = \sqrt[3]{25}$;

(3) $\log_2(-x^2 + 3x) = \log_2(x^2 - 2)$;

(4) $\sqrt{2^x} \sqrt{3^x} = 36$.

12*. 判断函数 $f(x) = \left(\dfrac{1}{3}\right)^{x^2 - 3x + 2}$ 的单调性.

13*. 讨论函数 $y = \dfrac{3^x - 1}{3^x + 1}$ 的单调性及值域(提示: 求反函数的定义域).

本章小结

本章主要学习函数的概念,函数的表示法,函数的一般性质.同时介绍了一次函数、一元二次函数、指数函数、对数函数的图象和性质.

一、函数

1. 函数

一般地,设有两个变量 x 和 y,其中变量 x 的变化范围为非空数集 D,如果对于 D 中的每一个值 x,按照一种确定的关系,都可以唯一确定变量 y 的一个相应值,则称变量 y 是变量 x 的函数,记为

$$y = f(x), x \in D.$$

x 为自变量,y 是 x 的函数.其中自变量 x 的取值集合叫作函数的定义域,函数值 y 的集合叫作函数的值域.

如果一个函数不特别指明它的定义域,就认为这个函数的定义域是使函数有意义的所有实数构成的集合.

2. 函数的 3 种表示方法

解析法:用一个或几个等式来表示两个变量间的关系.

列表法:用表格来表示两个变量之间的函数关系.

图象法:用图象来表示两个变量之间函数关系的方法.

二、函数的性质

1. 函数的单调性

在函数 $f(x)$ 定义域内某个给定区间 I 上,任选两个自变量的取值 x_1, x_2,如果当 $x_2 > x_1$ 时,总有 $f(x_2) > f(x_1)$,那么称函数 $f(x)$ 在区间 I 上是增函数;如果当 $x_2 > x_1$ 时,总有 $f(x_2) < f(x_1)$,那么称函数 $f(x)$ 在区间 I 上是减函数.

若函数 $y = f(x)$ 在区间 I 上是增函数或减函数,那么就说函数 $f(x)$ 在 I 上具有单调性,区间 I 称为函数 $y = f(x)$ 的单调区间.

2. 函数的奇偶性

设函数 $f(x)$ 的定义域为 A，如果对于任意的 $x \in A$，都有 $-x \in A$，并且

$$f(-x) = -f(x),$$

则这个函数称为奇函数.

函数 $f(x)$ 是奇函数的充要条件是它的图象关于原点对称.

设函数 $f(x)$ 的定义域为 A，如果对于任意的 $x \in A$，都有 $-x \in A$，并且

$$f(-x) = f(x),$$

则这个函数称为偶函数.

函数 $f(x)$ 是偶函数的充要条件是它的图象关于 y 轴对称.

3. 反函数

设函数 $y = f(x)$ 的定义域为 D，值域为 M，根据这个函数中 x, y 的关系，用 y，x 表示，得到 $x = g(y)$. 如果 $x = g(y)$ $(y \in M)$ 也是一个函数，那么就把 $x = g(y)$ $(y \in M)$ 称为函数 $y = f(x)$ $(x \in D)$ 的反函数，记作 $x = f^{-1}(y)$.

一般情况下，我们将 $x = f^{-1}(y)$ 改写成 $y = f^{-1}(x)$.

函数 $y = f(x)$ 如果有反函数 $y = f^{-1}(x)$，那么 $y = f^{-1}(x)$ 也有反函数，并且 $y = f^{-1}(x)$ 的反函数就是 $y = f(x)$，称它们互为反函数，并且函数 $y = f(x)$ 的图象与其反函数的图象关于直线 $y = x$ 对称.

三、一次函数

1. 形如 $y = kx + b$ $(k \neq 0, x \in \mathbf{R})$ 的函数称为一次函数.

当 $b = 0$ 时，一次函数就是正比例函数.

2. 一次函数 $y = kx + b$ $(k \neq 0)$ 的图象是一条直线，其中 k 称为直线 $y = kx + b$ 的斜率，b 称为直线 $y = kx + b$ 在 y 轴上的截距.

3. $k > 0$ 时，$y = kx + b$ 在定义域内为增函数；

$k < 0$ 时，$y = kx + b$ 在定义域内为减函数.

4. $b = 0$ 时，一次函数 $y = kx$ $(k \neq 0, x \in \mathbf{R})$ 为奇函数.

四、一元二次函数

1. 一元二次函数的解析式是 $f(x) = ax^2 + bx + c$，其中 a, b, c 是给定的实数，且 $a \neq 0$. 一元二次函数的定义域为 $\mathbf{R}$，一元二次函数简称为二次函数.

2. 一元二次函数图象的性质：

（1）图象是一条抛物线，对称轴是直线 $x = -\dfrac{b}{2a}$，顶点坐标为 $\left(-\dfrac{b}{2a}, \dfrac{4ac-b^2}{4a}\right)$.

（2）当 $a>0$ 时，二次函数在 $x=-\dfrac{b}{2a}$ 处达到最小值 $\dfrac{4ac-b^2}{4a}$，抛物线开口向上.

（3）当 $a<0$ 时，二次函数在 $x=-\dfrac{b}{2a}$ 处达到最大值 $\dfrac{4ac-b^2}{4a}$，抛物线开口向下.

3. 解一元二次不等式 $ax^2+bx+c>0$（或 $ax^2+bx+c<0$）的步骤如下：

先把二次项系数化为大于零的数，然后用因式分解法或配方法解一元二次不等式.

五、指数函数

设 $a>0$ 且 $a\neq 1$，形如 $y=a^x$ 的函数称为指数函数，它的定义域为 $\mathbf{R}$，值域为 $\mathbf{R}^+$.

指数函数的性质和图象见第八节的表格.

六、对数函数

设 $a>0$ 且 $a\neq 1$，形如 $y=\log_a x$ 的函数称为对数函数，它与指数函数 $y=a^x$ 互为反函数.

对数函数的性质和图象见第九节的表格.

若 $a=10$，我们把对数函数 $y=\log_{10}x$ 记为 $y=\lg x$，称为常用对数函数.

若对于无理数 e，$e=2.71828\cdots$，我们把对数函数 $y=\log_e x$ 记为 $y=\ln x$，称为自然对数函数.

第四章

三角函数

1. 理解角的概念及推广,理解三角函数的概念.

2. 掌握诱导公式、同角三角函数之间的关系及两角和与差的正弦、余弦、正切公式.

3. 掌握正弦函数的图象和性质,了解正弦函数、余弦函数的图象和性质.

4. 理解正弦、余弦定理,会用它们解决简单的问题.

5. 了解反正弦、反余弦、反正切函数的概念.

数学博客

三角学一词的英文是 trigonometry,来自拉丁文 tuigonometuia. 最先使用该词的是文艺复兴时期的德国数学家皮蒂斯楚斯(B. Pitiscus),他在 1595 年出版的《三角学:解三角形的简明处理》中创造了这个词. 其构成法是由三角形(triangulum)和测量(metuicus)两字凑合而成. 测量计算离不开三角函数表和三角学公式,它们是作为三角学的主要内容而发展的.

三角学起源于古希腊,为了预报天体运行路线、计算日历、航海等需要. 早期三角学不是一门独立的学科,而是依附于天文学,是天文观测结果推算的一种方法,因而最先发展起来的是球面三角学.

三角测量在中国也出现很早,公元前100 多年的《周髀算经》就有较详细的说明.例如,它的首章中记录有"周公曰,大哉言数,请问用矩之道. 商高曰,平矩以正绳,偃矩以望高,复矩以测深,卧矩以知远"(商高说的矩就是今天工人用的两边互相垂直的曲尺,大意是将曲尺置于不同的位置可以测目标物的高度、深度与广度).1 世纪时,《九章算术》中有专门研究测量问题的篇章.

近代三角学是从欧拉的《无穷分析引论》开始的. 他定义了单位圆,并以函数线与半径的比值定义三角函数,他还创用小写拉丁字母 a,b,c 表示三角形的三条边,大写拉丁字母 A,B,C 表示三角形的三个角,从而简化了三角公式. 使三角学从研究三角形解法进一步转化为研究三角函数及其应用,成为一个比较完整的数学分支学科. 而由于上述诸人及 19 世纪许多数学家的努力,形成了现代的三角函数符号和三角学的完整理论.

三角函数是数学中重要的内容,初中我们已经学过锐角的三角函数,利用它们解决了许多实际问题. 但在科学技术和实际生产中,常常会遇到任意大小的角和任意角的三角函数. 因此本章将把角的概念进行推广,引入弧度制,并研究任意角的三角函数,最后介绍三角函数在解三角形中的应用.

第一节 角的概念的推广

一、角的概念的推广

在初中学过,角可以看作是平面内一条射线绕着它的端点从一个位置旋转到另一个位置形成的图形. 如图 4－1 所示,射线 OA 绕着它的端点 O 旋转到 OB,就形成 $\angle AOB$,其中射线的端点 O 称为角的顶点,射线旋转的初始位置 OA 称为角的始边,射线旋转的终止位置 OB 称为角的终边. 角常用小写希腊字母 $\alpha,\beta,\gamma,\cdots$ 表示.

生活中有许多例子都与角度有关,如钟表的指针从某一位置旋转到另一位置,就形成了一个角(见图 4－2);当打开或关上门时,其上下边框从初始位置旋转到终止位置也形成了一个角(见图 4－3). 但是,如果门转动了 $60°$,你知道门是被打开还是被关上吗?

由于转动门时,存在着旋转方向不同结果就不同的情况,为了区分旋转方向的不同,我们就以钟表的指针作为标准,把钟表指针自转旋转的方向叫作顺时针方向,与此相反的方向叫作逆时针方向. 根据旋转的方向不同,我们规定:

把射线按**逆时针**方向旋转而成的角称为**正角**;射线按**顺时针**方向旋转而成的角称为**负角**.

当一条射线没有旋转时,我们也认为它形成了一个角,称为**零角**. 这时认为始边与终边重合,零角的大小为 $0°$.

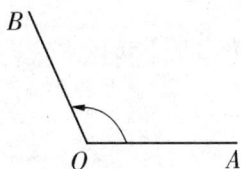

图 4－1

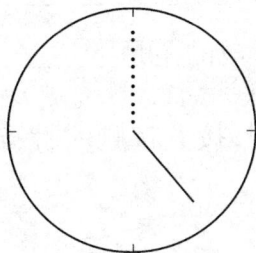

图 4－2

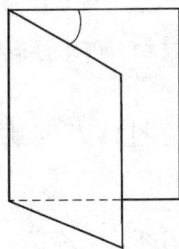

图 4－3

在图 4-4(a) 中, 以射线 OC 为始边、射线 OD 为终边的角是一个正角; 图 4-4(b) 中, 以射线 OF 为始边、射线 OE 为终边的角是一个负角.

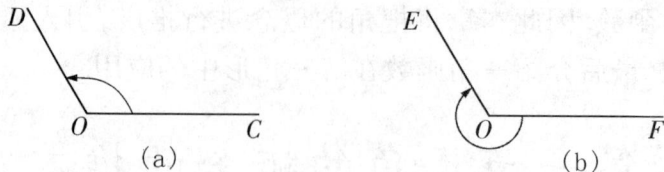

图 4-4

根据角的概念的推广, 一条射线绕着它的端点旋转时, 可以旋转一周或超过一周, 形成任意大小的角. 当射线从初始位置按逆时针方向旋转一周时, 形成的角是 $360°$; 当射线按顺时针方向旋转一周时, 形成的角是 $-360°$.

在图 4-5(a) 中, $\angle AOB = 450°$; 图 4-5(b) 中, $\angle AOB = -630°$.

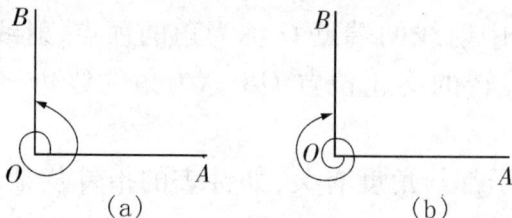

图 4-5

例 时钟从 3 点走到 4 点 30 分, 分针旋转了多少度?

解 时钟从 3 点走到 4 点 30 分, 分针按顺时针方向旋转了一周半, 所以旋转了
$$-(360° + 180°) = -540°.$$

基础练习

1. 填空:

(1) 按顺时针方向旋转 $\frac{1}{4}$ 周形成的角是_____度.

(2) 按顺时针方向旋转两周形成的角是_____度.

(3) 按逆时针方向旋转 $\frac{3}{4}$ 周形成的角是_____度.

(4) 先按逆时针方向旋转 $\frac{1}{2}$ 周, 接着按顺时针方向旋转 $\frac{1}{4}$ 周, 两次旋转总效果形成的角是_____度.

2. 分别画出以下各角:
$$120°, 225°, -150°, -390°.$$

3. 钟表时针从 1 点走到 3 点 15 分时, 分针旋转了多少度?

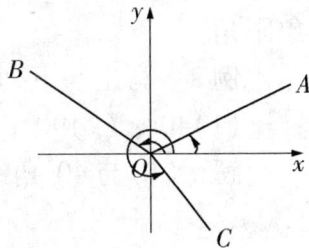

图 4-6

提升练习

1. 先按逆时针方向旋转 1 周,接着按顺时针方向旋转 2 周半,两次旋转总效果形成的角是多少度?

2. 当把手表倒拨(逆时针)2 小时 15 分钟时,分针旋转了多少度?

二、象限角与终边相同的角

为了方便研究,我们常把角放到平面直角坐标系中进行讨论. 以坐标系 xOy 的原点为角的顶点,让角的始边与 x 轴的非负半轴重合,这时角的终边落在坐标系中的第几象限,就说这个角是第几象限的角. 如图 4-6 所示,$\angle xOA$ 是第一象限角,$\angle xOB$ 是第二象限角,$\angle xOC$ 是第四象限角;再如,30° 角是第一象限角,-135° 角是第三象限角,300° 角是第四象限角.

如果一个角的终边落在坐标轴上,就说这个角是**轴线角**. 它不属于任何一个象限的角,如 90° 角、180° 角、270° 角等都是轴线角.

在 0°~360° 范围内,各象限的范围如下:

α	$0°<\alpha<90°$	$90°<\alpha<180°$	$180°<\alpha<270°$	$270°<\alpha<360°$
象限	一	二	三	四

在 0°~360° 范围内,各轴线角的大小如下:

角度	0°	90°	180°	270°	360°
位置	x 正半轴	y 正半轴	x 负半轴	y 负半轴	x 正半轴

请在同一坐标系中画出以下各角,并观察这些角有什么共同特点:

$$30°,390°,750°,-330°,-690°.$$

通过观察可以发现,这些角的终边位置是相同的,它们彼此相差 360° 的整数倍. 我们把这些角叫作与 30° 角终边相同的角.

事实上,与 30° 角终边相同的角有无限多个,它们与 30° 相差 360° 的整数倍. 所以,与 30° 角终边相同的角(含 30° 角)的一般表达式为

$$\beta=30°+k\cdot360°(k\in\mathbf{Z}).$$

由此推广,与角 α 终边相同的角(含 α 角在内)的一般表达式为

$$\beta=\alpha+k\cdot360°(k\in\mathbf{Z}).$$

如一个角 A 可以写成 $A = 50° + k \cdot 360° (k \in \mathbf{Z})$，则角 A 与 $50°$ 的终边相同.

例 1 判断下列各角所在象限.

(1) $240°$；(2) $480°$；(3) $-750°$.

解 (1) 由于 $180° < 240° < 270°$，因此 $240°$ 是第三象限角；

(2) 由于 $480° = 120° + 360°$，$120°$ 是第二象限角，因此 $480°$ 是第二象限角；

(3) 由于 $-750° = -30° - 2 \times 360°$，$-30°$ 是第四象限角，因此 $-750°$ 是第四象限角.

例 2 写出与下列各角终边相同的角的一般表达式：

(1) $40°$；(2) $90°$；(3) $120°$.

解 (1) 与 $40°$ 角终边相同的角的一般表达式为：
$$\beta = 40° + k \cdot 360° (k \in \mathbf{Z});$$

(2) 与 $90°$ 角终边相同的角的一般表达式为：
$$\beta = 90° + k \cdot 360° (k \in \mathbf{Z});$$

(3) 与 $120°$ 角终边相同的角的一般表达式为：
$$\beta = 120° + k \cdot 360° (k \in \mathbf{Z}).$$

例 3 下列各角中哪些角的终边与 $60°$ 角的终边相同？
$$420°, -300°, -660°, 790°.$$

解 由
$$420° = 60° + 360°,$$
$$-300° = 60° - 360°,$$
$$-660° = 60° - 2 \times 360°,$$
$$790° = 70° + 2 \times 360°.$$

可知 $420°, -300°, -660°$ 与 $60°$ 相差 $360°$ 的整数倍，所以它们与 $60°$ 角终边相同；而 $790°$ 与 $60°$ 终边不相同（$790°$ 与 $60°$ 的差不是 $360°$ 的整数倍）.

例 4* 写出终边在 y 轴上的角的一般表达式.

解 终边在 y 轴的正半轴上的角的一般表达式为
$$\beta = 90° + k \cdot 360°$$
$$= 90° + 2k \cdot 180° (k \in \mathbf{Z}).$$

终边在 y 轴的负半轴上的角的一般表达式为
$$\beta = 270° + k \cdot 360°$$
$$= 90° + 180° + 2k \cdot 180°$$
$$= 90° + (2k+1) \cdot 180° (k \in \mathbf{Z}).$$

故终边在 y 轴上的角的一般表达式为
$$\beta = 90° + k \cdot 180° (k \in \mathbf{Z}).$$

基础练习

1. 钝角都是第二象限角吗？第二象限角都是钝角吗？

2. 写出与下列各角终边相同的角的一般表达式：

$$45°, 60°, -90°, -120°.$$

3. 判断下列各角所在象限：

$60°, 150°, 240°, 300°, 360°, 390°, 690°, -45°, -225°, -330°.$

4. 写出终边在 x 轴的负半轴上的角的一般表达式.

提升练习

1. 判断下列各角所在象限：

$$720°, 960°, -1800°.$$

2. 写出终边在 x 轴上的角的一般表达式.

第二节　弧　度

角可以用度、分、秒来度量,这种度量角的大小的方法叫作**角度制**. 在数学和工程中还常用到另外一种度量角的大小的方法,这就是**弧度制**.

我们规定,长度等于半径的圆弧所对应的圆心角的大小称为 1 **弧度**,记作 1 rad 或 1 弧度. 这种以弧度为单位度量角的单位制叫作弧度制.

于是长度为 l、半径为 r 的圆弧所对的圆心角 α 的大小等于

$$|\alpha| = \frac{l}{r} \text{ rad}$$

通常以弧度为单位表示角时,"弧度"或"rad"可以省略不写. 所以弧度制下,角与实数具有一一对应关系.

特别地,半径为 r 的圆周长是 $2\pi r$,所以它所对应的圆心角的大小等于

$$\frac{2\pi r}{r} = 2\pi \text{ rad}.$$

又圆周角等于 $360°$,所以有

$$2\pi \text{ rad} = 360°,$$

$$\pi \text{ rad} = 180°.$$

因此,可以得到角度制与弧度制的换算关系：

$$1 \text{ rad} = \frac{180°}{\pi} \text{ rad} \approx 57.30°;$$

$$1° = \frac{\pi}{180} \text{ rad} \approx 0.017\ 45 \text{ rad}.$$

例1 用弧度表示下列各角的大小:

$$30°, 120°, -45°.$$

解
$$30° = 30 \times \frac{\pi}{180} \text{ rad} = \frac{\pi}{6} \text{ rad},$$

$$120° = 120 \times \frac{\pi}{180} \text{ rad} = \frac{2\pi}{3} \text{ rad},$$

$$-45° = -45 \times \frac{\pi}{180} \text{ rad} = -\frac{\pi}{4} \text{ rad}.$$

例2 用角度表示下列各角的大小:

$$\frac{\pi}{3} \text{ rad}, \frac{5\pi}{6} \text{ rad}, -\frac{3\pi}{2} \text{ rad}, 3 \text{ rad}.$$

解
$$\frac{\pi}{3} \text{ rad} = \frac{180°}{3} = 60°,$$

$$\frac{5\pi}{6} \text{ rad} = \frac{5 \times 180°}{6} = 150°,$$

$$-\frac{3\pi}{2} \text{ rad} = -\frac{3 \times 180°}{2} = -270°,$$

$$3 = 3 \times \frac{180°}{\pi} \text{ rad} \approx 3 \times 57.30° = 171.9°.$$

一些常用的特殊角的度数与弧度的对应关系列成下表:

度	0°	30°	45°	60°	90°	180°	270°	360°
弧度	0	$\frac{\pi}{6}$ rad	$\frac{\pi}{4}$ rad	$\frac{\pi}{3}$ rad	$\frac{\pi}{2}$ rad	π rad	$\frac{3\pi}{2}$ rad	2π rad

弧度制下,0°~360°范围内各象限角的范围如下:

α	$0 < \alpha < \frac{\pi}{2}$ rad	$\frac{\pi}{2}$ rad $< \alpha < \pi$ rad	π rad $< \alpha < \frac{3\pi}{2}$ rad	$\frac{3\pi}{2}$ rad $< \alpha < 2\pi$ rad
象限	一	二	三	四

弧度制下,与角 α 终边相同的角(含 α 角在内)的一般表达式为
$$\beta = \alpha + 2k\pi \ (k \in \mathbf{Z}).$$

例3 判断下列各角是第几象限角?

(1) $-\frac{11\pi}{6}$ rad;　　　(2) $\frac{7\pi}{4}$ rad.

解 （1）
$$-\frac{11\pi}{6}\ \text{rad} = \frac{\pi}{6}\ \text{rad} - 2\pi\ \text{rad},$$

因为 $\frac{\pi}{6}$ rad 是第一象限角,所以 $-\frac{11\pi}{6}$ rad 也是第一象限角.

（2）
$$\frac{7\pi}{4}\ \text{rad} = -\frac{\pi}{4}\ \text{rad} + 2\pi\ \text{rad},$$

因为 $-\frac{\pi}{4}$ rad 是第四象限角,所以 $\frac{7\pi}{4}$ rad 也是第四象限角.

由弧度的定义可知,弧长 l 与半径 r 的比值等于所对圆心角 α 的弧度数,即
$$\frac{l}{r} = |\alpha|,$$

由此得出
$$l = |\alpha| \cdot r \qquad (\ast)$$

公式 $(\ast)$ 是弧度制下的弧长计算公式.

例 4*　如图 4 – 7 所示,弧 AB 所对的圆心角是 $60°$,半径是 48 m,求弧 AB 的长（结果保留整数）.

解　因为 $r = 48$,
$$\alpha = 60° = \frac{\pi}{3}\ \text{rad},$$

由圆心角公式得:
$$l = |\alpha| \cdot r = \frac{\pi}{3}\ \text{rad} \times 48 \approx 50\ \text{m}.$$

所以弧 AB 的长约为 50 m.

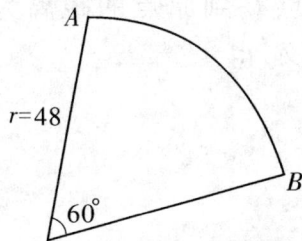

图 4 – 7

基础练习

1. 用弧度表示下列各角的大小:
$$90°, 45°, -135°, -380°.$$

2. 用角度表示下列各角的大小:
$$\frac{5\pi}{3}\ \text{rad}, \frac{11\pi}{6}\ \text{rad}, -\frac{4\pi}{5}\ \text{rad}, \frac{\pi}{4}\ \text{rad}.$$

3. 判断下列各角是第几象限角?
$$\frac{\pi}{4}\ \text{rad}, -\frac{5\pi}{4}\ \text{rad}, \frac{5\pi}{3}\ \text{rad}.$$

提升练习

1. 已知圆的半径为 0.5 m，分别求 2 rad，3 rad 的圆心角所对的弧长.

2. 某飞轮直径为 1.2 m，每分钟按逆时针方向旋转 300 圈，求飞轮每分钟转过的弧度数.

3. 已知 α 是第二象限角，试判断 $\dfrac{\alpha}{2}$ 是第几象限的角？

第三节 任意角的三角函数的概念

在初中，我们已经学过锐角三角函数的定义. 设 α 是直角三角形 PMO 的一个锐角（见图 4-8）. 以 O 为原点，以 OM 所在直线为 x 轴，建立平面直角坐标系. 设 P 的坐标为 (x,y)，点 P 到原点的距离为 r，根据锐角三角函数的定义，得

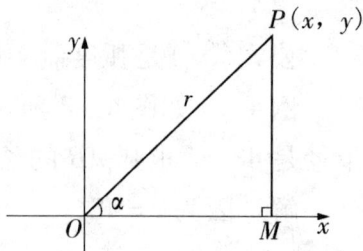

$$\sin \alpha = \frac{对边}{斜边} = \frac{y}{r},$$

$$\cos \alpha = \frac{邻边}{斜边} = \frac{x}{r},$$

$$\tan \alpha = \frac{对边}{邻边} = \frac{y}{x}.$$

图 4-8

我们推广了角的概念，能否把锐角三角函数的定义推广到任意角的三角函数呢？

一、任意角的三角函数定义

以任意角 α 的顶点为原点，以角 α 的始边所在直线为 x 轴，建立平面直角坐标系. 设 $P(x,y)$ 为 α 终边上任一点（异于点 O），点 P 到原点的距离为 r，则有

$$r = \sqrt{|x|^2 + |y|^2} = \sqrt{x^2 + y^2} > 0.$$

我们规定：

比值 $\dfrac{y}{r}$ 叫作 α 的**正弦**，记作 $\sin \alpha$，即 $\sin \alpha = \dfrac{y}{r}$；

比值 $\dfrac{x}{r}$ 叫作 α 的**余弦**，记作 $\cos \alpha$，即 $\cos \alpha = \dfrac{x}{r}$；

比值 $\dfrac{y}{x}(x \neq 0)$ 叫作 α 的**正切**，记作 $\tan \alpha$，即 $\tan \alpha = \dfrac{y}{x}(\alpha \neq k\pi + \dfrac{\pi}{2}, k \in \mathbf{Z})$.

显然,上述比值的大小仅随角 α 的终边位置(即 α 的大小)的改变而改变,而与点 P 的位置无关,因此这些比值都是角 α 的函数,分别叫作 α 的**正弦函数**、**余弦函数**、**正切函数**. 类似地,我们还常用到下面三个函数:

角 α 的**正割**:$\sec \alpha = \dfrac{r}{x}$($\alpha \neq k\pi + \dfrac{\pi}{2}, k \in \mathbf{Z}$);

角 α 的**余割**:$\csc \alpha = \dfrac{r}{y}$($\alpha \neq k\pi, k \in \mathbf{Z}$);

角 α 的**余切**:$\cot \alpha = \dfrac{x}{y}$($\alpha \neq k\pi, k \in \mathbf{Z}$).

角 α 的正割、余割、余切分别是它的余弦、正弦、正切的倒数. 上述六个函数统称为 α 的**三角函数**. 本书重点研究正弦函数、余弦函数、正切函数.

例1 已知角 α 终边上一点 $P(-4,3)$,求 α 的 6 个三角函数值.

解 由点 $P(-4,3)$ 可知,$x = -4, y = 3$,得

$$r = \sqrt{(-4)^2 + 3^2} = 5.$$

所以, $\sin \alpha = \dfrac{y}{r} = \dfrac{3}{5}, \cos \alpha = \dfrac{x}{r} = -\dfrac{4}{5}, \tan \alpha = \dfrac{y}{x} = -\dfrac{3}{4},$

$$\sec \alpha = \dfrac{1}{\cos \alpha} = -\dfrac{5}{4}, \csc \alpha = \dfrac{1}{\sin \alpha} = \dfrac{5}{3}, \cot \alpha = \dfrac{1}{\tan \alpha} = -\dfrac{4}{3}.$$

例2 求 $180°$ 的正弦、余弦、正切.

解 在 $180°$ 终边上找一点 $P(-1,0)$,则 $r = |OP| = 1$,所以

$$\sin 180° = \dfrac{y}{r} = 0, \cos 180° = \dfrac{x}{r} = -1, \tan 180° = \dfrac{y}{x} = 0.$$

利用例 2 的方法,可以求出一些特殊角的三角函数值,列表如下:

α	$0°$	$30°$	$45°$	$60°$	$90°$	$180°$	$270°$	$360°$
$\sin \alpha$	0	$\dfrac{1}{2}$	$\dfrac{\sqrt{2}}{2}$	$\dfrac{\sqrt{3}}{2}$	1	0	-1	0
$\cos \alpha$	1	$\dfrac{\sqrt{3}}{2}$	$\dfrac{\sqrt{2}}{2}$	$\dfrac{1}{2}$	0	-1	0	1
$\tan \alpha$	0	$\dfrac{\sqrt{3}}{3}$	1	$\sqrt{3}$	不存在	0	不存在	0

我们知道,角 $\alpha + 2k\pi (k \in \mathbf{Z})$ 的终边与 α 的终边相同,根据三角函数定义可知:

$$\sin(\alpha + 2k\pi) = \sin \alpha$$
$$\cos(\alpha + 2k\pi) = \cos \alpha \qquad (4-1)$$
$$\tan(\alpha + 2k\pi) = \tan \alpha$$

上述公式表明,**终边相同的角的同名三角函数值相等**. 根据上述公式,我们可以把任意角的三角函数,转化为 0 到 2π 内的某个角的三角函数.

例3 计算下列各值:

(1) $\sin 3\pi$; (2) $\cos \dfrac{9\pi}{2}$; (3) $\tan 405^{\circ}$.

解 (1) $\sin 3\pi = \sin(\pi + 2\pi) = \sin \pi = 0$;

(2) $\cos \dfrac{9\pi}{2} = \cos\left(\dfrac{\pi}{2} + 4\pi\right) = \cos \dfrac{\pi}{2} = 0$;

(3) $\tan 405^{\circ} = \tan(45^{\circ} + 360^{\circ}) = \tan 45^{\circ} = 1$.

基础练习

1. 已知角 α 终边上一点 P 的坐标,求 α 的 6 个三角函数值.

(1) $P(\sqrt{3}, 1)$; (2) $P(-2, 2)$; (3) $P(-\sqrt{3}, 3)$; (4) $P(2, 0)$.

2. 计算:

$\sin 120^{\circ}, \cos 210^{\circ}, \tan 150^{\circ}$.

3. 计算:

(1) $\sin \dfrac{5\pi}{2}$; (2) $\cos 8\pi$; (3) $\cos \dfrac{7\pi}{2}$; (4) $\tan 3\pi$;

(5) $\sin \dfrac{11\pi}{2}$; (6) $\tan \dfrac{7\pi}{3}$; (7) $\sin 420^{\circ}$.

提升练习

1. 计算:

(1) $2\sin \dfrac{5\pi}{2} + \cos 0 - 3\sin \dfrac{3\pi}{2} + 5\cos \pi - \tan 2\pi$;

(2) $3\cos 270^{\circ} + 8\sin 0^{\circ} - \tan 540^{\circ}$.

2. 已知 P 为第四象限角 α 的终边上一点,且其横坐标 $x = 8$,$OP = 17$,求角 α 的正弦、余弦、正切.

二、三角函数值的符号

在平面直角坐标系中,各象限内点的坐标符号如图 4-9 所示.

根据三角函数的定义和点的坐标的符号,可以确定任意角 α 的正弦、余弦和正切在四个象限的符号,如图 4-10 所示.

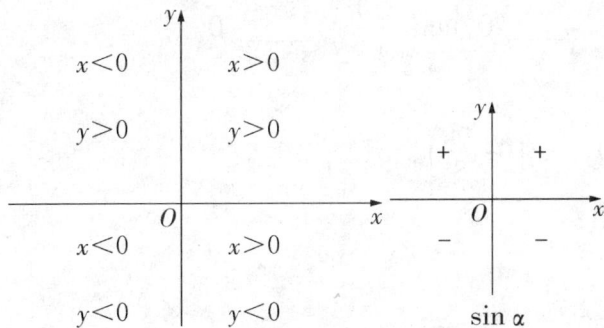

图 4-9

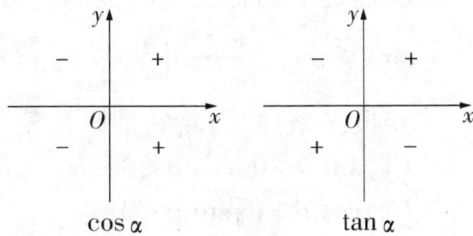

图 4-10

为了便于记忆，我们把上述结论总结如图 4-11 所示，图中给出的是在各象限中取正值的函数，其余函数取负值.

例 1　确定下列各三角函数的符号.

$(1)\sin\dfrac{2\pi}{3}$；$(2)\cos 225°$；$(3)\tan\left(-\dfrac{11\pi}{6}\right)$；$(4^*)\sin 4$.

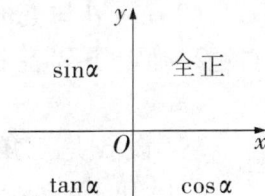

图 4-11

解　(1)由于$\dfrac{2\pi}{3}$是第二象限角，因此 $\sin\dfrac{2\pi}{3}>0$；

(2)由于 $225°$ 是第三象限角，因此 $\cos 225°<0$；

(3)由于 $-\dfrac{11\pi}{6}=\dfrac{\pi}{6}-2\pi$，因此 $-\dfrac{11\pi}{6}$是第一象限角，

则 $\tan\left(-\dfrac{11\pi}{6}\right)>0$；

$(4)^*$由于 $\pi<4<\dfrac{3\pi}{2}$，因此 $\sin 4<0$.

例 2　根据 $\sin\theta<0,\tan\theta>0$，确定 θ 是第几象限角？

解　由于 $\sin\theta<0$，因此 θ 是第三或第四象限角或终边在 y 轴的负半轴上.

由于 $\tan\theta>0$，因此 θ 是第一或第三象限角，

则满足 $\sin\theta<0,\tan\theta>0$ 的 θ 是第三象限角.

基础练习

1. 用" $>$ "或" $<$ "填空：

$(1)\sin\dfrac{\pi}{6}$＿＿＿0，$\cos\dfrac{\pi}{6}$＿＿＿0，$\tan\dfrac{\pi}{6}$＿＿＿0；

$(2)\sin\dfrac{4\pi}{3}$＿＿＿0，$\cos\dfrac{4\pi}{3}$＿＿＿0，$\tan\dfrac{4\pi}{3}$＿＿＿0；

$(3)\sin\dfrac{3\pi}{4}$＿＿＿0，$\cos\dfrac{3\pi}{4}$＿＿＿0，$\tan\dfrac{3\pi}{4}$＿＿＿0；

(4) $\sin\left(-\dfrac{\pi}{6}\right)$ _____ 0 , $\cos\left(-\dfrac{\pi}{6}\right)$ _____ 0 , $\tan\left(-\dfrac{\pi}{6}\right)$ _____ 0 .

2. 确定下列各三角函数的符号：

$\sin\dfrac{5\pi}{4}$, $\cos\dfrac{7\pi}{6}$, $\tan\left(-\dfrac{3\pi}{4}\right)$, $\sin 640^\circ$, $\tan\left(-\dfrac{8\pi}{3}\right)$, $\cos\dfrac{21\pi}{4}$.

3. 根据条件，判断 θ 是第几象限角：

(1) $\sin\theta>0$, $\cos\theta<0$;

(2) $\cos\theta>0$, $\sin\theta<0$;

(3) $\sin\theta<0$, $\tan\theta<0$.

提升练习

1. 根据条件，判断 θ 是第几象限角？

(1) $\sin\theta$ 与 $\cos\theta$ 同号 ;

(2) $\cos\theta$ 与 $\tan\theta$ 异号 .

2. 确定下列各三角函数的符号：

$$\sin 2.6\pi , \cos(-3.8\pi) , \tan 5.4\pi .$$

3*. 设 α 是三角形的一个内角，在 $\sin\alpha$, $\cos\alpha$, $\tan\alpha$ 中，哪些可能取负值？

4. 已知 $\sin\theta\cos\theta<0$, $\sin\theta\tan\theta>0$ ，则 θ 在第几象限？

第四节 同角三角函数基本关系式

如图 4-12 所示，设角 α 终边上一点 $P(x,y)$, $OP=r=\sqrt{x^2+y^2}$ ，则 $\sin\alpha=\dfrac{y}{r}$, $\cos\alpha=\dfrac{x}{r}$, $\tan\alpha=\dfrac{y}{x}$.

由上式可得：

$$\sin^2\alpha+\cos^2\alpha=\dfrac{y^2+x^2}{r^2}=\dfrac{r^2}{r^2}=1 .$$

由正切函数的定义，当 $\alpha\neq\dfrac{\pi}{2}+k\pi\ (k\in\mathbf{Z})$ 时，

$$\tan\alpha=\dfrac{y}{x}=\dfrac{\frac{y}{r}}{\frac{x}{r}}=\dfrac{\sin\alpha}{\cos\alpha} .$$

图 4-12

于是得出同角三角函数的两个基本关系式：

$$\begin{cases}\sin^2\alpha+\cos^2\alpha=1 ,\\ \tan\alpha=\dfrac{\sin\alpha}{\cos\alpha}\ (\alpha\neq\dfrac{\pi}{2}+k\pi,k\in\mathbf{Z}).\end{cases} \tag{4-2}$$

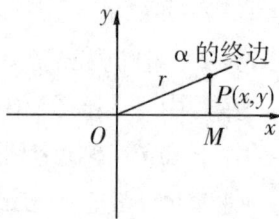

上述关系式是同角三角函数两个最基本的关系式. 当已知一个角的某一个三角函数值时, 根据这两个关系式和三角函数值的符号, 就可以求出这个角的其余三角函数值. 此外, 还可利用它们化简三角函数和证明恒等式.

例 1　已知 $\sin \alpha = \dfrac{4}{5}, \alpha$ 是第二象限角, 求 $\cos \alpha, \tan \alpha$ 的值.

解　由 $\sin^2 \alpha + \cos^2 \alpha = 1$, 得

$$\cos \alpha = \pm \sqrt{1 - \sin^2 \alpha}.$$

由于 α 是第二象限角, $\cos \alpha < 0$, 因此

$$\cos \alpha = -\sqrt{1 - \left(\dfrac{4}{5}\right)^2} = -\dfrac{3}{5},$$

$$\tan \alpha = \dfrac{\sin \alpha}{\cos \alpha} = \dfrac{\dfrac{4}{5}}{-\dfrac{3}{5}} = -\dfrac{4}{3}.$$

例 2　已知 $\tan \alpha = -\sqrt{5}, \dfrac{\pi}{2} < \alpha < \pi$, 求 $\cos \alpha, \sin \alpha$ 的值.

解　由题意得

$$\begin{cases} \sin^2 \alpha + \cos^2 \alpha = 1, & \text{①} \\ \dfrac{\sin \alpha}{\cos \alpha} = -\sqrt{5}. & \text{②} \end{cases}$$

由②得

$$\sin \alpha = -\sqrt{5}\cos \alpha,$$

代入①式, 整理得

$$6\cos^2 \alpha = 1,$$

$$\cos^2 \alpha = \dfrac{1}{6}.$$

由于 $\dfrac{\pi}{2} < \alpha < \pi, \cos \alpha < 0$, 因此

$$\cos \alpha = -\dfrac{\sqrt{6}}{6},$$

代入②式得

$$\sin \alpha = -\sqrt{5}\cos \alpha = -\sqrt{5}\left(-\dfrac{\sqrt{6}}{6}\right) = \dfrac{\sqrt{30}}{6}.$$

例 3*　已知 $\tan \alpha = -3$, 求 $2\sin \alpha \cos \alpha$ 的值.

解　由题意得

$$\begin{cases} \sin^2 \alpha + \cos^2 \alpha = 1, & \text{①} \\ \dfrac{\sin \alpha}{\cos \alpha} = -3. & \text{②} \end{cases}$$

由②得

$$\sin \alpha = -3\cos \alpha.$$

代入①式,得

$$\cos^2 \alpha + (-3\cos \alpha)^2 = 1,$$
$$10\cos^2 \alpha = 1,$$
$$\cos^2 \alpha = \frac{1}{10}.$$

所以

$$2\sin \alpha \cos \alpha = 2(-3\cos \alpha)\cos \alpha$$
$$= -6\cos^2 \alpha$$
$$= -\frac{3}{5}.$$

例4 化简:$\dfrac{\sin \theta - \cos \theta}{\tan \theta - 1}$.

解 原式 $= \dfrac{\sin \theta - \cos \theta}{\dfrac{\sin \theta}{\cos \theta} - 1} = \dfrac{\sin \theta - \cos \theta}{\dfrac{\sin \theta - \cos \theta}{\cos \theta}} = \cos \theta.$

例5[*] 求证:

(1) $\sin^4 \alpha - \cos^4 \alpha = 2\sin^2 \alpha - 1$;

(2) $\dfrac{\cos \theta}{1 - \sin \theta} = \dfrac{1 + \sin \theta}{\cos \theta}$.

证明 (1) 左边 $= (\sin^2 \alpha - \cos^2 \alpha)(\sin^2 \alpha + \cos^2 \alpha)$
$$= \sin^2 \alpha - \cos^2 \alpha$$
$$= \sin^2 \alpha - (1 - \sin^2 \alpha)$$
$$= 2\sin^2 \alpha - 1$$
$$= 右边,$$

因此原等式成立.

(2) 由于 $\dfrac{\cos \theta}{1 - \sin \theta} - \dfrac{1 + \sin \theta}{\cos \theta}$
$$= \frac{\cos^2 \theta - (1 - \sin^2 \theta)}{(1 - \sin \theta)\cos \theta}$$
$$= \frac{\cos^2 \theta - \cos^2 \theta}{(1 - \sin \theta)\cos \theta} = 0,$$

因此
$$\frac{\cos \theta}{1 - \sin \theta} = \frac{1 + \sin \theta}{\cos \theta}.$$

基础练习

1. 已知 $\cos \alpha = \dfrac{5}{13}$，且 α 是第四象限的角，求 $\sin \alpha$，$\tan \alpha$.

2. 已知 $\sin \alpha = \dfrac{1}{2}$，$0 < \alpha < \dfrac{\pi}{2}$，求 $\cos \alpha$，$\tan \alpha$.

3. 已知 $\tan \alpha = \dfrac{1}{3}$，$\alpha$ 在第三象限，求 $\sin \alpha$，$\cos \alpha$.

4. 化简下列各式：

(1) $(1 - \cos \theta)(1 + \cos \theta)$；

(2) $\cos \theta \tan \theta$；

(3) $\dfrac{2\cos^2 \theta - 1}{1 - 2\sin^2 \theta}$.

5*. 证明三角恒等式：$\tan^2 \theta - \sin^2 \theta = \tan^2 \theta \cdot \sin^2 \theta$.

提升练习

1. 已知 $\tan x = 5$，求 $\dfrac{\sin x + \cos x}{\sin x - \cos x}$ 的值.

2. 化简：$\dfrac{(1 + \sin \theta)(1 - \sin \theta)}{\cos \theta}$.

第五节　诱导公式

根据前面的学习，我们已经知道了一些特殊角的三角函数值. 当角的概念推广到任意角后，如何求锐角以外角的三角函数值呢？为了研究任意角的三角函数与锐角的三角函数之间的关系，本节我们将学习几组公式，它们统称为诱导公式.

一、α 与 $\alpha + 2k\pi$ 的三角函数关系

利用本章 4–1 的公式，可以把任意角的三角函数，转化为 0 到 2π 内的某个角的三角函数，即

$$\sin(\alpha + 2k\pi) = \sin \alpha \ (k \in \mathbf{Z}),$$
$$\cos(\alpha + 2k\pi) = \cos \alpha \ (k \in \mathbf{Z}), \qquad (4-3)$$
$$\tan(\alpha + 2k\pi) = \tan \alpha \ (k \in \mathbf{Z}),$$

其中 α 是使式子有意义的任意角.

例　求下列各三角函数的值:

$(1) \sin \dfrac{7\pi}{3}$;　$(2) \cos \dfrac{25\pi}{4}$;　$(3) \tan 420^{\circ}$.

解　$(1) \sin \dfrac{7\pi}{3} = \sin\left(\dfrac{\pi}{3} + 2\pi\right) = \sin \dfrac{\pi}{3} = \dfrac{\sqrt{3}}{2}$;

$(2) \cos \dfrac{25\pi}{4} = \cos\left(\dfrac{\pi}{4} + 6\pi\right) = \cos \dfrac{\pi}{4} = \dfrac{\sqrt{2}}{2}$;

$(3) \tan 420^{\circ} = \tan(60^{\circ} + 360^{\circ}) = \tan 60^{\circ} = \sqrt{3}$.

二、α 与 $-\alpha$ 的三角函数关系

如图 4-13 所示,设 α 为第二象限的角,其终边与
单位圆交于点 $P(x, y)$,$-\alpha$ 终边与单位圆交于点 P'.
显然,点 P 与点 P' 关于 x 轴对称,于是点 P' 的坐标为
$(x, -y)$,由三角函数的定义可知:

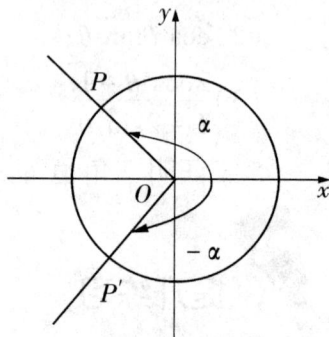

图 4-13

$$\sin \alpha = y, \cos \alpha = x, \tan \alpha = \dfrac{y}{x},$$

$$\sin(-\alpha) = -y, \cos(-\alpha) = x, \tan(-\alpha) = -\dfrac{y}{x},$$

所以

$$\sin(-\boldsymbol{\alpha}) = -\sin \boldsymbol{\alpha},$$
$$\cos(-\boldsymbol{\alpha}) = \cos \boldsymbol{\alpha}, \qquad\qquad (4-4)$$
$$\tan(-\boldsymbol{\alpha}) = -\tan \boldsymbol{\alpha}.$$

可以证明,以上关系式对任意角 α 都成立.利用公式 4-4,我们可以用正角
的三角函数表示负角的三角函数.

例　求下列各三角函数的值:

$(1) \sin\left(-\dfrac{\pi}{6}\right)$;　$(2) \cos\left(-\dfrac{\pi}{4}\right)$;　$(3) \tan(-420^{\circ})$;　$(4) \sin\left(-\dfrac{7\pi}{3}\right)$.

解　$(1) \sin\left(-\dfrac{\pi}{6}\right) = -\sin \dfrac{\pi}{6} = -\dfrac{1}{2}$;

$(2) \cos\left(-\dfrac{\pi}{4}\right) = \cos \dfrac{\pi}{4} = \dfrac{\sqrt{2}}{2}$;

$(3) \tan(-420^{\circ}) = -\tan 420^{\circ} = -\tan(360^{\circ} + 60^{\circ}) = -\tan 60^{\circ} = -\sqrt{3}$;

$(4) \sin\left(-\dfrac{7\pi}{3}\right) = \sin\left(-2\pi - \dfrac{\pi}{3}\right) = \sin\left(-\dfrac{\pi}{3}\right) = -\sin \dfrac{\pi}{3} = -\dfrac{\sqrt{3}}{2}$.

三、$\boldsymbol{\pi \pm \alpha}$ 与 $\boldsymbol{\alpha}$ 的三角函数关系

如图 4 – 14 所示,α 为第一象限角,则 $\pi + \alpha$ 为第三象限角. 设 α 与 $\pi + \alpha$ 的终边与单位圆分别交于点 P 和 P',显然点 P 和 P' 关于原点对称. 设 $P(x, y)$,则 $P'(-x, -y)$. 根据三角函数的定义可知:

$$\sin \alpha = y,$$
$$\cos \alpha = x,$$
$$\tan \alpha = \frac{y}{x},$$
$$\sin(\pi + \alpha) = -y,$$
$$\cos(\pi + \alpha) = -x,$$
$$\tan(\pi + \alpha) = \frac{-y}{-x} = \frac{y}{x}.$$

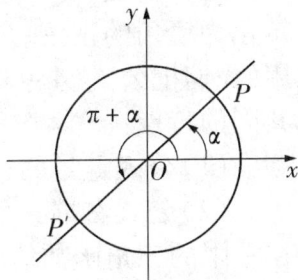

图 4 – 14

可以证明,以上关系式对任意角都成立,因此可以得到 $\pi + \alpha$ 与 α 的三角函数关系式:

$$\begin{cases} \sin(\pi + \alpha) = -\sin \alpha \\ \cos(\pi + \alpha) = -\cos \alpha \\ \tan(\pi + \alpha) = \tan \alpha \end{cases} \qquad (4-5)$$

由公式 (4 – 4) 和公式 (4 – 5),可得

$$\sin(\pi - \alpha) = \sin[\pi + (-\alpha)] = -\sin(-\alpha) = \sin \alpha,$$
$$\cos(\pi - \alpha) = \cos[\pi + (-\alpha)] = -\cos(-\alpha) = -\cos \alpha,$$
$$\tan(\pi - \alpha) = \tan[\pi + (-\alpha)] = \tan(-\alpha) = -\tan \alpha.$$

这样,得到 $\pi - \alpha$ 与 α 的三角函数关系式:

$$\begin{cases} \sin(\pi - \alpha) = \sin \alpha \\ \cos(\pi - \alpha) = -\cos \alpha \\ \tan(\pi - \alpha) = -\tan \alpha \end{cases} \qquad (4-6)$$

这就是说,**两个互补的角的正弦值相等,余弦值、正切值互为相反数**. 根据公式 (4 – 5) 和公式 (4 – 6),可以用第一象限角的三角函数表示第二、第三象限角的三角函数.

例 1 求下列各三角函数的值:

$(1) \sin \dfrac{7\pi}{6}$;　$(2) \cos\left(-\dfrac{8\pi}{3}\right)$;　$(3) \tan\left(-\dfrac{10\pi}{3}\right)$;　$(4) \sin 930°$.

解　$(1) \sin \dfrac{7\pi}{6} = \sin\left(\pi + \dfrac{\pi}{6}\right) = -\sin \dfrac{\pi}{6} = -\dfrac{1}{2}$;

$(2) \cos\left(-\dfrac{8\pi}{3}\right) = \cos \dfrac{8\pi}{3} = \cos\left(2\pi + \dfrac{2\pi}{3}\right) = \cos \dfrac{2\pi}{3} = \cos\left(\pi - \dfrac{\pi}{3}\right)$

$$= -\cos\frac{\pi}{3} = -\frac{1}{2};$$

$$(3)\tan\left(-\frac{10\pi}{3}\right) = -\tan\frac{10\pi}{3} = -\tan\left(3\pi + \frac{\pi}{3}\right) = -\tan\frac{\pi}{3} = -\sqrt{3};$$

$$(4)\sin 930° = \sin(5\times180° + 30°) = \sin(180° + 30°) = -\sin 30° = -\frac{1}{2}.$$

注 公式$(4-3)\sim(4-6)$的主要作用之一是把任意角的正弦、余弦、正切转化为锐角的正弦、余弦、正切,它们在研究三角函数的性质时发挥着重要的作用. 我们把公式$(4-3)$,$(4-4)$,$(4-5)$,$(4-6)$称为**诱导公式**. 这些公式有着共同的特点:

(1)公式等号两边的三角函数的名称不变.

(2)公式右端三角函数前的正负号与左端的角(其中可以把α看作锐角)所在象限的三角函数值的正负号相同.

为了方便记忆,我们把上述特点概括为:**函数名不变,符号看象限**.

例如,$(\pi-\alpha)$(角α假定为锐角)是第二象限的角,所以公式$(4-6)$中右端函数前的符号,只有正弦的符号为正,余弦和正切函数值都为负.

例2 求下列各三角函数的值:

$$(1)\sin\frac{23\pi}{3}; \quad (2)\cos\left(-\frac{21\pi}{4}\right); \quad (3)\tan\left(-\frac{35\pi}{3}\right); \quad (4)\tan\frac{17\pi}{6}.$$

解 $$(1)\sin\frac{23\pi}{3} = \sin\left(8\pi - \frac{\pi}{3}\right) = \sin\left(-\frac{\pi}{3}\right) = -\sin\frac{\pi}{3} = -\frac{\sqrt{3}}{2};$$

$$(2)\cos\left(-\frac{21\pi}{4}\right) = \cos\frac{21\pi}{4} = \cos\left(5\pi + \frac{\pi}{4}\right) = -\cos\frac{\pi}{4} = -\frac{\sqrt{2}}{2};$$

$$(3)\tan\left(-\frac{35\pi}{3}\right) = \tan\left(-12\pi + \frac{\pi}{3}\right) = \tan\frac{\pi}{3} = \sqrt{3};$$

$$(4)\tan\frac{17\pi}{6} = \tan\left(3\pi - \frac{\pi}{6}\right) = \tan\left(-\frac{\pi}{6}\right) = -\tan\frac{\pi}{6} = -\frac{\sqrt{3}}{3}.$$

例3* 化简:$\dfrac{\sin(\pi-\alpha)\tan(2\pi-\alpha)\cos(\pi+\alpha)}{\cos(3\pi-\alpha)\tan(\pi-\alpha)}$.

解 原式$= \dfrac{\sin\alpha\tan(-\alpha)(-\cos\alpha)}{-\cos\alpha(-\tan\alpha)} = \dfrac{\sin\alpha(-\tan\alpha)(-\cos\alpha)}{-\cos\alpha(-\tan\alpha)} = \sin\alpha.$

注 当遇到$k\pi+\alpha(k\in\mathbf{Z})$时,把$\alpha$看成锐角,再根据诱导公式化简.

基础练习

1.求下列各角的正弦、余弦、正切:

$$\frac{5\pi}{6},\frac{2\pi}{3},\frac{13}{6}\pi,\ -\frac{7\pi}{4},\frac{4}{3}\pi,\frac{25}{4}\pi,\ -\frac{11}{3}\pi.$$

2. 求 $\cos\dfrac{23\pi}{4}$，$\sin(-\dfrac{\pi}{4})$ 的值.

3. 求 $\tan\dfrac{19}{6}\pi$，$\sin(-\dfrac{23}{6}\pi)$ 的值.

提升练习

1. 化简：$(1)\sin^2(\pi+\alpha)-\cos(2\pi-\alpha)$；$(2)\tan(\pi-\alpha)-\sin(\pi-\alpha)$.

2. 证明：$\dfrac{\tan(-\pi-\alpha)\sin(\pi-\alpha)}{\cos(2\pi-\alpha)\tan(3\pi-\alpha)}=\tan\alpha$.

第六节 *　两角和与差的三角函数

通过上一节的学习，我们掌握了任意角三角函数值的求法. 那么如何根据两个角的三角函数，计算它们的和、差的三角函数呢？

一、两角和与差的余弦

如图 4-15 所示，在单位圆中，作角 $\alpha,\beta,\alpha-\beta$，它们的始边与单位圆相交于点 P_0，终边与单位圆分别相交于点 P_1,P_2,P_3，由正弦、余弦在单位圆上的表示法，可得四点 P_0,P_1,P_2,P_3 的坐标分别为 $P_0(1,0)$，$P_1(\cos\alpha,\sin\alpha)$，$P_2(\cos\beta,\sin\beta)$，$P_3[\cos(\alpha-\beta),\sin(\alpha-\beta)]$. 因为 $\angle P_1OP_2=\angle P_0OP_3=\alpha-\beta$，在单位圆内，根据圆心角相等，则所对的弦相等，得

$$|P_1P_2|=|P_0P_3|,$$

由两点间距离公式，得

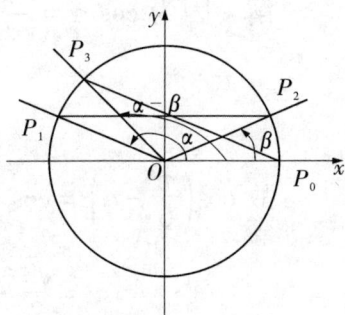

图 4-15

$$\sqrt{(\cos\alpha-\cos\beta)^2+(\sin\alpha-\sin\beta)^2}=\sqrt{[\cos(\alpha-\beta)-1]^2+[\sin(\alpha-\beta)]^2},$$

化简，得

$$2-2(\cos\alpha\cos\beta+\sin\alpha\sin\beta)=2-2\cos(\alpha-\beta),$$

即

$$\cos(\alpha-\beta)=\cos\alpha\cos\beta+\sin\alpha\sin\beta.$$

在上面的推导过程中，不论 P_1,P_2 位置如何，结论都成立，所以上式对于任意角 α,β 都成立.

在上面的公式中，用 $-\beta$ 代替 β，得

$$\cos[\alpha-(-\beta)]=\cos\alpha\cos(-\beta)+\sin\alpha\sin(-\beta)$$
$$=\cos\alpha\cos\beta-\sin\alpha\sin\beta,$$

即
$$\cos(\alpha+\beta) = \cos\alpha\cos\beta - \sin\alpha\sin\beta.$$

这样我们便得到下列公式：
$$\begin{cases} \cos(\alpha+\beta) = \cos\alpha\cos\beta - \sin\alpha\sin\beta, \\ \cos(\alpha-\beta) = \cos\alpha\cos\beta + \sin\alpha\sin\beta. \end{cases} \qquad (4-7)$$

上述公式称为**两角和与差的余弦公式**.

例1 求 $\cos 15°,\cos 105°$ 的精确值.

解 $\cos 15° = \cos(60° - 45°)$
$$= \cos 60°\cos 45° + \sin 60°\sin 45°$$
$$= \frac{1}{2}\cdot\frac{\sqrt{2}}{2} + \frac{\sqrt{3}}{2}\cdot\frac{\sqrt{2}}{2} = \frac{\sqrt{6}+\sqrt{2}}{4}.$$

$\cos 105° = \cos(60° + 45°) = \cos 60°\cos 45° - \sin 60°\sin 45°$
$$= \frac{1}{2}\cdot\frac{\sqrt{2}}{2} - \frac{\sqrt{3}}{2}\cdot\frac{\sqrt{2}}{2} = \frac{\sqrt{2}-\sqrt{6}}{4}.$$

例2 已知 $\cos\alpha = -\dfrac{4}{5}, \alpha\in\left(\dfrac{\pi}{2},\pi\right)$，求 $\cos\left(\dfrac{\pi}{6}-\alpha\right), \cos\left(\dfrac{\pi}{6}+\alpha\right)$ 的值.

解 因为 $\cos\alpha = -\dfrac{4}{5}, \alpha\in\left(\dfrac{\pi}{2},\pi\right)$，所以
$$\sin\alpha = \sqrt{1-\left(-\frac{4}{5}\right)^2} = \frac{3}{5}.$$

故 $\cos\left(\dfrac{\pi}{6}-\alpha\right) = \cos\dfrac{\pi}{6}\cos\alpha + \sin\dfrac{\pi}{6}\sin\alpha$
$$= \frac{\sqrt{3}}{2}\cdot\left(-\frac{4}{5}\right) + \frac{1}{2}\cdot\frac{3}{5} = \frac{3-4\sqrt{3}}{10};$$

$\cos\left(\dfrac{\pi}{6}+\alpha\right) = \cos\dfrac{\pi}{6}\cos\alpha - \sin\dfrac{\pi}{6}\sin\alpha$
$$= \frac{\sqrt{3}}{2}\cdot\left(-\frac{4}{5}\right) - \frac{1}{2}\cdot\frac{3}{5} = -\frac{3+4\sqrt{3}}{10}.$$

例3 证明：对于任意角 α，都有：

(1) $\cos\left(\dfrac{\pi}{2}-\alpha\right) = \sin\alpha$；

(2) $\sin\left(\dfrac{\pi}{2}-\alpha\right) = \cos\alpha$.

证明 (1) $\cos\left(\dfrac{\pi}{2}-\alpha\right) = \cos\dfrac{\pi}{2}\cos\alpha + \sin\dfrac{\pi}{2}\sin\alpha = \sin\alpha$；

(2) 用 $\dfrac{\pi}{2}-\alpha$ 代替(1)式中的 α，得

$$\cos\left[\frac{\pi}{2}-\left(\frac{\pi}{2}-\alpha\right)\right]=\sin\left(\frac{\pi}{2}-\alpha\right),$$

即
$$\sin\left(\frac{\pi}{2}-\alpha\right)=\cos\alpha.$$

基础练习

1. 求下列各式的精确值：

（1）$\cos 75°$；　　　　　　　　（2）$\cos\frac{7\pi}{12}$；

（3）$\cos 75°\cos 15°+\sin 75°\sin 15°$.

2. 已知 $\sin\alpha=\frac{2}{3},\alpha\in\left(\frac{\pi}{2},\pi\right)$，求 $\cos\left(\frac{\pi}{3}+\alpha\right),\cos\left(\frac{\pi}{3}-\alpha\right)$ 的值.

3. 求证：

（1）$\cos\left(\frac{\pi}{2}+\alpha\right)=-\sin\alpha$；

（2）$\cos 2\alpha=\cos^2\alpha-\sin^2\alpha$.

提升练习

1. 化简：$\cos(27°+\alpha)\cos(33°-\alpha)-\sin(27°+\alpha)\sin(33°-\alpha)$.

2. 在 $\triangle ABC$ 中，已知 $\cos A=\frac{4}{5},\cos B=\frac{5}{13}$，求 $\cos C$.

二、两角和与差的正弦

上一节我们已经推导过，对于任意角 α，有

$$\sin\left(\frac{\pi}{2}-\alpha\right)=\cos\alpha,$$

$$\cos\left(\frac{\pi}{2}-\alpha\right)=\sin\alpha.$$

根据上述公式及两角差的余弦公式得

$$\sin(\alpha+\beta)=\cos\left[\frac{\pi}{2}-(\alpha+\beta)\right]$$

$$=\cos\left[\left(\frac{\pi}{2}-\alpha\right)-\beta\right]$$

$$=\cos\left(\frac{\pi}{2}-\alpha\right)\cos\beta+\sin\left(\frac{\pi}{2}-\alpha\right)\sin\beta$$

$$= \sin \alpha \cos \beta + \cos \alpha \sin \beta,$$

即
$$\sin(\alpha + \beta) = \sin \alpha \cos \beta + \cos \alpha \sin \beta.$$

在上述公式中,用 $-\beta$ 代替 β,得
$$\sin[\alpha + (-\beta)] = \sin \alpha \cos(-\beta) + \cos \alpha \sin(-\beta)$$
$$= \sin \alpha \cos \beta - \cos \alpha \sin \beta,$$

即
$$\sin(\alpha - \beta) = \sin \alpha \cos \beta - \cos \alpha \sin \beta.$$

这样我们便得到下列公式:
$$\begin{cases} \sin(\alpha + \beta) = \sin \alpha \cos \beta + \cos \alpha \sin \beta, \\ \sin(\alpha - \beta) = \sin \alpha \cos \beta - \cos \alpha \sin \beta. \end{cases} \qquad (4-8)$$

上述公式称为**两角和与差的正弦公式**.

例1 求 $\sin 75°$,$\sin 15°$ 的精确值.

解 $\sin 75° = \sin(45° + 30°)$
$$= \sin 45° \cos 30° + \cos 45° \sin 30°$$
$$= \frac{\sqrt{2}}{2} \cdot \frac{\sqrt{3}}{2} + \frac{\sqrt{2}}{2} \cdot \frac{1}{2} = \frac{\sqrt{6} + \sqrt{2}}{4};$$
$$\sin 15° = \sin(45° - 30°)$$
$$= \sin 45° \cos 30° - \cos 45° \sin 30°$$
$$= \frac{\sqrt{2}}{2} \cdot \frac{\sqrt{3}}{2} - \frac{\sqrt{2}}{2} \cdot \frac{1}{2}$$
$$= \frac{\sqrt{6} - \sqrt{2}}{4}.$$

例2 已知 $\cos \theta = -\frac{3}{5}$,且 $\theta \in \left(\pi, \frac{3\pi}{2}\right)$,求 $\sin\left(\theta + \frac{\pi}{4}\right)$ 的值.

解 由于 $\cos \theta = -\frac{3}{5}$,且 $\theta \in \left(\pi, \frac{3\pi}{2}\right)$,因此

$$\sin \theta = -\sqrt{1 - \cos^2 \theta} = -\sqrt{1 - \left(-\frac{3}{5}\right)^2} = -\frac{4}{5},$$

则
$$\sin\left(\theta + \frac{\pi}{4}\right) = \sin \theta \cos \frac{\pi}{4} + \cos \theta + \sin \frac{\pi}{4}$$

$$= \left(-\frac{4}{5}\right) \cdot \frac{\sqrt{2}}{2} + \left(-\frac{3}{5}\right) \cdot \frac{\sqrt{2}}{2} = -\frac{7\sqrt{2}}{10}.$$

例3* 求证:$\sin \alpha + \sqrt{3} \cos \alpha = 2\sin\left(\alpha + \frac{\pi}{3}\right)$.

证明 左边 $= 2\left(\frac{1}{2}\sin \alpha + \frac{\sqrt{3}}{2}\cos \alpha\right)$

$$= 2\left(\sin \alpha \cos \frac{\pi}{3} + \cos \alpha \sin \frac{\pi}{3}\right)$$

$$= 2\sin\left(\alpha + \frac{\pi}{3}\right)$$

$$= 右边.$$

注　上式也可以从右推到左.

对于例 3 的结论,我们可以推广到一般情况:

$$a\sin\alpha + b\cos\alpha = \sqrt{a^2 + b^2}\left(\frac{a}{\sqrt{a^2 + b^2}}\sin\alpha + \frac{b}{\sqrt{a^2 + b^2}}\cos\alpha\right)$$

$$= \sqrt{a^2 + b^2}\left(\cos\varphi\sin\alpha + \sin\varphi\cos\alpha\right)$$

$$= \sqrt{a^2 + b^2}\sin(\alpha + \varphi)$$

$$= A\sin(\alpha + \varphi).$$

其中,角 φ 满足 $\cos\varphi = \dfrac{a}{\sqrt{a^2 + b^2}}$, $\sin\varphi = \dfrac{b}{\sqrt{a^2 + b^2}}$, $A = \sqrt{a^2 + b^2}$.

例 4*　把 $2\sin\alpha - 2\cos\alpha$ 化成 $A\sin(\alpha + \varphi)$ 的形式.

解　因为 $A = \sqrt{2^2 + 2^2} = 2\sqrt{2}$,所以

$$2\sin\alpha - 2\cos\alpha = 2\sqrt{2}\left(\frac{2}{2\sqrt{2}}\sin\alpha - \frac{2}{2\sqrt{2}}\cos\alpha\right)$$

$$= 2\sqrt{2}\left(\frac{\sqrt{2}}{2}\sin\alpha - \frac{\sqrt{2}}{2}\cos\alpha\right)$$

$$= 2\sqrt{2}\left(\sin\alpha\cos\frac{\pi}{4} - \cos\alpha\sin\frac{\pi}{4}\right)$$

$$= 2\sqrt{2}\sin\left(\alpha - \frac{\pi}{4}\right).$$

 **基础练习**

1. 求下列各式的精确值:

(1) $\sin 105^\circ$; 　(2) $\sin\dfrac{5\pi}{12}$; 　(3) $\sin(-15^\circ)$;

(4) $\sin 25^\circ\cos 35^\circ + \cos 25^\circ\sin 35^\circ$.

2. 已知 $\sin\alpha = -\dfrac{1}{3}$,且 α 是第三象限角,求 $\sin\left(\alpha + \dfrac{\pi}{4}\right)$ 的值.

3. 把下列各式化成 $A\sin(\alpha + \varphi)$ 的形式:

(1) $\dfrac{\sqrt{3}}{2}\sin\alpha - \dfrac{1}{2}\cos\alpha$; 　(2) $\sin\alpha + \cos\alpha$; 　(3) $4\sin\alpha + 3\cos\alpha$.

4. 求证: $\sin\left(\dfrac{\pi}{2} + \alpha\right) = \cos\alpha$.

提升练习

1. 化简：

（1）$\sin(\alpha - 15^\circ)\cos(\alpha + 15^\circ) + \cos(\alpha - 15^\circ)\sin(\alpha + 15^\circ)$；

（2）$\sin(\alpha - \beta)\cos\beta + \cos(\alpha - \beta)\sin\beta$.

2^*. 求 $\dfrac{\sqrt{3}\cos 10^\circ + \sin 10^\circ}{\sin 70^\circ}$ 的值.

三、两角和与差的正切

当 $\cos(\alpha + \beta) \neq 0$ 时，有

$$\tan(\alpha + \beta) = \frac{\sin(\alpha + \beta)}{\cos(\alpha + \beta)} = \frac{\sin\alpha\cos\beta + \cos\alpha\sin\beta}{\cos\alpha\cos\beta - \sin\alpha\sin\beta}.$$

如果 $\cos\alpha\cos\beta \neq 0$，我们可以将分子、分母都除以 $\cos\alpha\cos\beta$，从而得到

$$\tan(\alpha + \beta) = \frac{\tan\alpha + \tan\beta}{1 - \tan\alpha\tan\beta}.$$

将上式中的 β 用 $-\beta$ 代替，得

$$\tan(\alpha - \beta) = \frac{\tan\alpha - \tan\beta}{1 + \tan\alpha\tan\beta}.$$

这样我们便得到下列公式：

$$\begin{cases} \tan(\alpha + \beta) = \dfrac{\tan\alpha + \tan\beta}{1 - \tan\alpha\tan\beta}, \\[3mm] \tan(\alpha - \beta) = \dfrac{\tan\alpha - \tan\beta}{1 + \tan\alpha\tan\beta}. \end{cases} \tag{4-9}$$

上述两个公式分别称为**两角和与差的正切公式**，其中 $\alpha, \beta, \alpha \pm \beta$ 的取值应使式子有意义.

例 1 求 $\tan 75^\circ$ 的精确值.

解 $\tan 75^\circ = \tan(45^\circ + 30^\circ)$

$$= \frac{\tan 45^\circ + \tan 30^\circ}{1 - \tan 45^\circ \tan 30^\circ} = \frac{1 + \dfrac{\sqrt{3}}{3}}{1 - \dfrac{\sqrt{3}}{3}} = 2 + \sqrt{3}.$$

例 2　求证：$\dfrac{1+\tan\theta}{1-\tan\theta}=\tan\left(\dfrac{\pi}{4}+\theta\right)$.

证明　$\tan\left(\dfrac{\pi}{4}+\theta\right)=\dfrac{\tan\dfrac{\pi}{4}+\tan\theta}{1-\tan\dfrac{\pi}{4}\tan\theta}$

$$=\dfrac{1+\tan\theta}{1-\tan\theta}.$$

基础练习

1. 求下列各式的精确值：

（1）$\tan 15^\circ$；　（2）$\tan\dfrac{5\pi}{12}$；　（3）$\dfrac{\tan 12^\circ+\tan 33^\circ}{1-\tan 12^\circ\tan 33^\circ}$；　（4）$\dfrac{1-\tan 15^\circ}{1+\tan 15^\circ}$；

（5）$\tan 105^\circ$.

2. 已知 $\tan\alpha=\dfrac{2}{5}$，$\tan\beta=\dfrac{3}{7}$，求 $\tan(\alpha+\beta)$，$\tan(\alpha-\beta)$ 的值.

提升练习

1. 求下列各式的精确值：

（1）$\dfrac{\tan\dfrac{\pi}{3}+\tan\dfrac{5\pi}{12}}{1-\tan\dfrac{\pi}{3}\tan\dfrac{5\pi}{12}}$；　　　　（2）$\dfrac{\tan 53^\circ-\cot 67^\circ}{1+\tan 53^\circ\tan 23^\circ}$.

2. 已知 $\tan\alpha$，$\tan\beta$ 是方程 $x^2+6x+7=0$ 的两个根，求证：$\tan(\alpha+\beta)=1$.

第七节　二倍角的正弦、余弦、正切

在两角和的正弦、余弦、正切公式中，令 $\alpha=\beta$，可以得到二倍角的三角函数公式

$$\sin 2\alpha=2\sin\alpha\cos\alpha,\tag{4-10}$$

$$\cos 2\alpha=\cos^2\alpha-\sin^2\alpha,\tag{4-11}$$

$$\tan 2\alpha=\dfrac{2\tan\alpha}{1-\tan^2\alpha}.\tag{4-12}$$

公式（4-10）、公式（4-11）对于任意角 α 都成立，公式（4-12）中 α，2α 的取值应使式子有意义. 上面 3 个式子分别称为**二倍角的正弦公式，二倍角的余弦公式，二倍角的正切公式**.

利用 $\sin^2\alpha+\cos^2\alpha=1$，公式（4-11）又可变形为

$$\cos 2\alpha = 2\cos^2 \alpha - 1 \text{ 或 } \cos 2\alpha = 1 - 2\sin^2 \alpha.$$

公式(4-11)还可变形为

$$\cos^2 \alpha = \frac{1 + \cos 2\alpha}{2} \text{ 和 } \sin^2 \alpha = \frac{1 - \cos 2\alpha}{2}.$$

二倍角的正弦,余弦和正切公式,表示了一个角的三角函数和它的二倍角的三角函数间的关系,其中"二倍"是相对的,如 α、4α、$\frac{\alpha}{2}$ 分别是 $\frac{\alpha}{2}$、2α、$\frac{\alpha}{4}$ 的二倍. 因此,在使用二倍角公式时,应根据具体情况灵活应用.

例1 已知 $\sin \alpha = \frac{5}{13}, \alpha \in (\frac{\pi}{2}, \pi)$,求 $\sin 2\alpha, \cos 2\alpha, \tan 2\alpha$ 的值.

解 由于 $\sin \alpha = \frac{5}{13}, \alpha \in (\frac{\pi}{2}, \pi)$,因此

$$\cos \alpha = -\sqrt{1 - \sin^2 \alpha} = -\sqrt{1 - \left(\frac{5}{13}\right)^2} = -\frac{12}{13}.$$

则

$$\sin 2\alpha = 2\sin \alpha \cos \alpha = 2 \times \frac{5}{13} \times \left(-\frac{12}{13}\right) = -\frac{120}{169},$$

$$\cos 2\alpha = 1 - 2\sin^2 \alpha = 1 - 2 \times \left(\frac{5}{13}\right)^2 = \frac{119}{169},$$

$$\tan 2\alpha = \frac{\sin 2\alpha}{\cos 2\alpha} = -\frac{120}{169} \times \frac{169}{119} = -\frac{120}{119}.$$

注 还可利用公式(4-12)求 $\tan 2\alpha$ 的值.

例2* 化简下列各式:

$$(1) \frac{\sin \frac{A}{2} \cos \frac{A}{2}}{\cos^2 \frac{A}{2} - \sin^2 \frac{A}{2}}; \qquad (2) (1 + \cos 2\theta) \tan \theta.$$

解 (1) 原式 $= \dfrac{2\sin \frac{A}{2} \cos \frac{A}{2}}{2\left(\cos^2 \frac{A}{2} - \sin^2 \frac{A}{2}\right)} = \dfrac{\sin A}{2\cos A} = \dfrac{1}{2} \tan A;$

$$(2) (1 + \cos 2\theta) \tan \theta = 2\cos^2 \theta \cdot \frac{\sin \theta}{\cos \theta} = 2\sin \theta \cos \theta = \sin 2\theta.$$

基础练习

1. 求下列各式的精确值:

$$(1) 2\sin \frac{\pi}{12} \cos \frac{\pi}{12};$$

第四章 三角函数

$(2)\cos^2\dfrac{\pi}{6}-\sin^2\dfrac{\pi}{6}$.

2. 已知 $\sin\alpha=\dfrac{4}{5},\alpha\in(0,\dfrac{\pi}{2})$，求 $\sin 2\alpha,\cos 2\alpha,\tan 2\alpha$ 的值.

3. 求 $15°$ 的正弦、余弦、正切.

提升练习

1. 已知 $\cos\alpha=\dfrac{1}{3},\alpha\in(\dfrac{3\pi}{2},2\pi)$，求 $\sin\dfrac{\alpha}{2},\tan\dfrac{\alpha}{2},\cos\dfrac{\alpha}{2}$ 的值.

2. 化简 $(\sin\alpha-\cos\alpha)^2$.

第八节　三角函数的图象和性质

一、正弦函数的图象

对于正弦函数 $y=\sin x$，无论 x 取何值，式子总有意义，所以在弧度制下，正弦函数的定义域是 **R**. 如何画正弦函数 $y=\sin x,x\in[0,2\pi]$ 的图象呢？

根据函数图象的一般作图方法，过程如下：

列表：

x	0	$\dfrac{\pi}{6}$	$\dfrac{\pi}{3}$	$\dfrac{\pi}{2}$	$\dfrac{2\pi}{3}$	$\dfrac{5\pi}{6}$	π	$\dfrac{7\pi}{6}$	$\dfrac{4\pi}{3}$	$\dfrac{3\pi}{2}$	$\dfrac{5\pi}{3}$	$\dfrac{11\pi}{6}$	2π
$\sin x$	0	$\dfrac{1}{2}$	$\dfrac{\sqrt{3}}{2}$	1	$\dfrac{\sqrt{3}}{2}$	$\dfrac{1}{2}$	0	$-\dfrac{1}{2}$	$-\dfrac{\sqrt{3}}{2}$	-1	$-\dfrac{\sqrt{3}}{2}$	$-\dfrac{1}{2}$	0

描点：以表中对应的 x,y 的值为坐标，在直角坐标系中描点.

连线：将所描各点用光滑曲线顺次连接起来，即完成所画图象（见图4-16）.

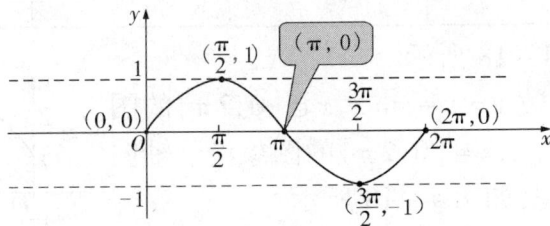

图 4-16

— 91 —

因为正弦函数 $y = \sin x$ 的定义域是 **R**,所以需要将 $y = \sin x, x \in [0, 2\pi]$ 的图象向两边扩展.

根据公式 $\sin(x + 2\pi) = \sin x$ 知,正弦函数 $y = \sin x$ 在区间 $[-2\pi, 0]$ 上的形状与在区间 $[0, 2\pi]$ 上的形状完全一样.

一般地,把 $y = \sin x, x \in [0, 2\pi]$ 的图象沿 x 轴向左、右分别平移 $\pm 2\pi$,$\pm 4\pi$,$\pm 6\pi$,$\cdots$,就可得到 $y = \sin x (x \in \mathbf{R})$ 的图象.

我们把正弦函数 $y = \sin x (x \in \mathbf{R})$ 的图象叫作**正弦曲线**.

由 $y = \sin x, x \in [0, 2\pi]$ 的图象可以看出,下面五点在确定图象形状时起着关键作用:

$$(0, 0), \left(\frac{\pi}{2}, 1\right), (\pi, 0), \left(\frac{3\pi}{2}, -1\right), (2\pi, 0) .$$

这五个点描出后,正弦函数 $y = \sin x, x \in [0, 2\pi]$ 的图象的形状就基本上确定了. 因此,在精确度要求不太高时,我们常常先描出这关键的五点,然后用光滑曲线将它们连结起来,就得到相应区间内的正弦函数的简图(见图 4 - 17).

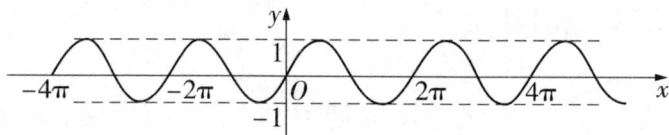

图 4 - 17

今后,我们作正弦函数的简图,一般都可以像这样先找出确定图象形状的关键五点,然后描点作图,这种作图方法叫作“**五点法**”.

例 用五点法作函数 $y = 1 + \sin x, x \in [0, 2\pi]$ 的简图.

列表:

x	0	$\frac{\pi}{2}$	π	$\frac{3\pi}{2}$	2π
$\sin x$	0	1	0	-1	0
$1 + \sin x$	1	2	1	0	1

描点作图如图 4 - 18 所示.

注 实际上,函数 $y = 1 + \sin x, x \in [0, 2\pi]$ 的图象可以由函数 $y = \sin x, x \in [0, 2\pi]$ 的图象沿 y 轴向上平移 1 个单位得到,如图 4 - 18 所示.

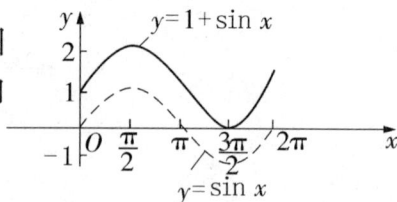

图 4 - 18

基础练习

用"五点法"画出 $y = -\sin x$, $y = 2 + \sin x$, $x \in [0, 2\pi]$ 的简图,并说明图象与 $y = \sin x$ 的图象之间的关系.

二、正弦函数的性质

(1) **定义域**:正弦函数的定义域是 **R**.

(2) **值域**:根据正弦函数的图象可以得出
$$|\sin x| \leqslant 1,$$
即
$$-1 \leqslant \sin x \leqslant 1.$$

所以正弦函数的值域是 $[-1, 1]$,且当 $x = \dfrac{\pi}{2} + 2k\pi (k \in \mathbf{Z})$ 时,函数取得最大值 1;当 $x = -\dfrac{\pi}{2} + 2k\pi (k \in \mathbf{Z})$ 时,函数取得最小值 -1.

(3) **周期性**:由于终边相同的角的正弦函数值相等,即
$$\sin(x + 2k\pi) = \sin x.$$
所以,当 x 每增大或减少 $2k\pi (k \in \mathbf{Z}, k \neq 0)$ 时,正弦函数值重复出现.

一般地,对于函数 $y = f(x)$,如果存在一个不为零的常数 T,使得当 x 取定义域内的每一个值时,有
$$f(x + T) = f(x)$$
都成立,则把函数 $y = f(x)$ 叫作**周期函数**,这个不为零的常数 T 叫作这个函数的**周期**.

对于一个周期函数来说,如果在所有的周期中存在着一个最小的正数,就把这个最小的正数叫作**最小正周期**.

显然,正弦函数 $y = \sin x (x \in \mathbf{R})$ 是周期函数,$2k\pi (k \in \mathbf{Z}, k \neq 0)$ 都是它的周期,其中 2π 是它的最小正周期. 今后我们说到三角函数的周期一般指的都是最小正周期.

(4) **奇偶性**:由公式 $\sin(-x) = -\sin x$ 可知,正弦函数 $y = \sin x (x \in \mathbf{R})$ 是奇函数. 反映在图象上,正弦曲线关于坐标原点对称.

(5) **单调性**:由正弦曲线可以看出,当 x 由 $-\dfrac{\pi}{2}$ 增加到 $\dfrac{\pi}{2}$ 时,$\sin x$ 由 -1 增加到 1;当 x 由 $\dfrac{\pi}{2}$ 增加到 $\dfrac{3\pi}{2}$ 时,$\sin x$ 由 1 减小到 -1. 根据正弦函数的周期性可知,正弦函数在每一个闭区间 $\left[-\dfrac{\pi}{2} + 2k\pi, \dfrac{\pi}{2} + 2k\pi \right] (k \in \mathbf{Z})$ 上都是增函数;在每一

个闭区间 $\left[\dfrac{\pi}{2}+2k\pi,\dfrac{3\pi}{2}+2k\pi\right](k\in\mathbf{Z})$ 上都是减函数.

例1 求函数 $y=2+\sin 2x(x\in\mathbf{R})$ 的最大值、最小值,并求使函数取得最大值、最小值的自变量 x 的值.

解 函数 $y=2+\sin 2x(x\in\mathbf{R})$ 的最大值为3、最小值为1.

当 $2x=\dfrac{\pi}{2}+2k\pi(k\in\mathbf{Z})$ 时,即 $x=\dfrac{\pi}{4}+k\pi(k\in\mathbf{Z})$ 时,函数 $y=\sin 2x$ 取得最大值1,此时函数 $y=2+\sin 2x(x\in\mathbf{R})$ 取得最大值3;当 $2x=-\dfrac{\pi}{2}+2k\pi(k\in\mathbf{Z})$ 时,即 $x=-\dfrac{\pi}{4}+k\pi(k\in\mathbf{Z})$ 时,函数 $y=\sin 2x$ 取得最小值 -1,此时函数 $y=2+\sin 2x(x\in\mathbf{R})$ 取得最小值1.

例2 不求值,比较下列各对正弦值的大小:

(1) $\sin\left(-\dfrac{\pi}{10}\right)$ 与 $\sin\left(-\dfrac{\pi}{18}\right)$;　　(2) $\sin\dfrac{2\pi}{3}$ 与 $\sin\dfrac{3\pi}{4}$.

解 (1) 由于 $-\dfrac{\pi}{2}<-\dfrac{\pi}{10}<-\dfrac{\pi}{18}<0$,且正弦函数在区间 $\left[-\dfrac{\pi}{2},0\right]$ 上是增函数,因此 $\sin\left(-\dfrac{\pi}{10}\right)<\sin\left(-\dfrac{\pi}{18}\right)$;

(2) 由于 $\dfrac{\pi}{2}<\dfrac{2\pi}{3}<\dfrac{3\pi}{4}<\pi$,且正弦函数在区间 $\left[\dfrac{\pi}{2},\pi\right]$ 上是减函数,因此 $\sin\dfrac{2}{3}\pi>\sin\dfrac{3}{4}\pi$.

基础练习

1. 求下列函数的最大值、最小值和最小正周期.

(1) $y=3+\sin x$;　　　　　　(2) $y=-2+\sin x$;

(3) $y=2-\sin x$;　　　　　　(4) $y=-8-3\sin x$.

2. 求使函数 $y=5-3\sin x$ 分别取得最大值、最小值的自变量 x 的值.

3. 不求值,比较下列各对正弦值的大小:

(1) $\sin\left(-\dfrac{\pi}{4}\right)$ 与 $\sin\left(-\dfrac{\pi}{5}\right)$;　　(2) $\sin\dfrac{5\pi}{6}$ 与 $\sin\dfrac{6\pi}{7}$;

(3) $\sin 250°$ 与 $\sin 260°$;　　　(4) $\sin\dfrac{35\pi}{8}$ 与 $\sin\dfrac{37\pi}{9}$.

4. 求 $\sin x=0$ 的自变量的值.

提升练习

1. 比较大小：

（1）$\sin\left(-\dfrac{23\pi}{5}\right)$ 与 $\sin\left(-\dfrac{37\pi}{7}\right)$；

（2）$\sin 3$ 与 $\sin 4$.

2. 观察正弦函数的图象，写出满足下列条件的 x 所在的区间：

（1）$\sin x > 0$；　　　　　　（2）$\sin x < 0$；

（3）$\sin x > \dfrac{1}{2}$；　　　　　（4）$\sin x < -\dfrac{1}{2}$.

三*、正弦型函数 $y = A\sin(\omega x + \varphi)$ 的图象和性质

在物理和工程中，经常会遇到形如 $y = A\sin(\omega x + \varphi)$ 的函数（其中 A, ω, φ 都是常数），这种函数通常叫作**正弦型函数**. 它的图象称为正弦型曲线.

下面我们讨论函数 $y = A\sin(\omega x + \varphi)(x \in \mathbf{R})$ 的简图的画法.

例1　用五点法画出函数 $y = 2\sin x$ 和 $y = \dfrac{1}{2}\sin x$ 在一个周期上的简图.

解　列表：

x	0	$\dfrac{\pi}{2}$	π	$\dfrac{3\pi}{2}$	2π
$\sin x$	0	1	0	-1	0
$2\sin x$	0	2	0	-2	0
$\dfrac{1}{2}\sin x$	0	$\dfrac{1}{2}$	0	$-\dfrac{1}{2}$	0

描点、连线：

如图 4-19 所示，观察图象，与 $y = \sin x(x \in \mathbf{R})$ 的图象作比较，可以发现：

把 $y = \sin x$ 的图象上所有点的纵坐标伸长到原来的 2 倍（横坐标不变）而得到 $y = 2\sin x$ 的图象；把 $y = \sin x$ 图象上所有点的纵坐标缩短到原来的 $\dfrac{1}{2}$（横坐标不变）而得到 $y = \dfrac{1}{2}\sin x$ 的图象.

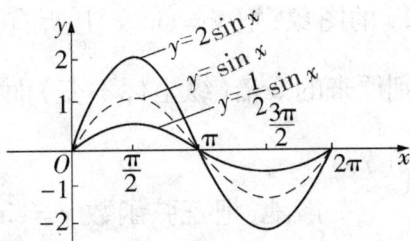

图 4-19

一般地,把正弦函数 $y = \sin x (x \in \mathbf{R})$ 的图象上所有点的纵坐标伸长($A > 1$)到原来的 A 倍或缩短($A > 1$)到原来的 $\dfrac{1}{A}$ 倍,得到函数 $y = A\sin x (x \in \mathbf{R})$($A > 0$ 且 $A \neq 1$)的图象.

例2 用五点法画函数 $y = \sin 2x$,$y = \sin \dfrac{1}{2}x$ 在一个周期上的简图.

解 列表:

$2x$	0	$\dfrac{\pi}{2}$	π	$\dfrac{3\pi}{2}$	2π
x	0	$\dfrac{\pi}{4}$	$\dfrac{\pi}{2}$	$\dfrac{3\pi}{4}$	π
$\sin 2x$	0	1	0	-1	0

$\dfrac{1}{2}x$	0	$\dfrac{\pi}{2}$	π	$\dfrac{3\pi}{2}$	2π
x	0	π	2π	3π	4π
$\sin \dfrac{1}{2}x$	0	1	0	-1	0

描点、连线:

如图 4-20 所示,观察图象,与 $y = \sin x$ ($x \in \mathbf{R}$)的图象作比较,可以发现:

把 $y = \sin x (x \in \mathbf{R})$ 的图象上所有点的横坐标缩短到原来的 $\dfrac{1}{2}$(纵坐标不变)而得到 $y = \sin 2x$ 的图象;把 $y = \sin x$ 上所有点的横坐标伸长到原来的 2 倍(纵坐标不变)而得到 $y = \sin \dfrac{1}{2}x$ 的图象.

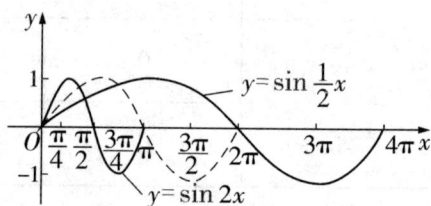

图 4-20

一般地,把正弦函数 $y = \sin x (x \in \mathbf{R})$ 的图象上所有点的横坐标缩短($\omega > 1$)到原来的 $\dfrac{1}{\omega}$ 或伸长($\omega > 1$)到原来的 ω 倍(纵坐标不变),得到函数 $y = \sin \omega x$ ($x \in \mathbf{R}$)($\omega > 0$ 且 $\omega \neq 1$)的图象.

例3 用五点法画出函数 $y = \sin\left(x + \dfrac{\pi}{3}\right)$ 和 $y = \sin\left(x - \dfrac{\pi}{4}\right)$ 在一个周期上的简图.

解 列表:

$x + \dfrac{\pi}{3}$	0	$\dfrac{\pi}{2}$	π	$\dfrac{3\pi}{2}$	2π
x	$-\dfrac{\pi}{3}$	$\dfrac{\pi}{6}$	$\dfrac{2\pi}{3}$	$\dfrac{7\pi}{6}$	$\dfrac{5\pi}{3}$
$\sin\left(x + \dfrac{\pi}{3}\right)$	0	1	0	-1	0
$x - \dfrac{\pi}{4}$	0	$\dfrac{\pi}{2}$	π	$\dfrac{3\pi}{2}$	2π
x	$\dfrac{\pi}{4}$	$\dfrac{3\pi}{4}$	$\dfrac{5\pi}{4}$	$\dfrac{7\pi}{4}$	$\dfrac{9\pi}{4}$
$\sin\left(x - \dfrac{\pi}{4}\right)$	0	1	0	-1	0

描点、连线:

如图 4-21 所示, 观察 $y = \sin\left(x + \dfrac{\pi}{3}\right)$ 和 $y = \sin\left(x - \dfrac{\pi}{4}\right)$ 的图象, 并与 $y = \sin x$ 的图象作比较, 可以发现:

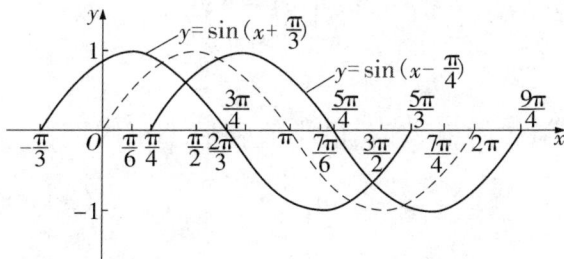

图 4-21

函数 $y = \sin\left(x + \dfrac{\pi}{3}\right)$ 的图象可看作是把正弦曲线上所有的点向左平行移动 $\dfrac{\pi}{3}$ 个单位长度而得到;函数 $y = \sin\left(x - \dfrac{\pi}{4}\right)$ 的图象可看作是把正弦曲线上所有的点

向右平行移动 $\dfrac{\pi}{4}$ 个单位长度而得到的.

一般地,把正弦曲线上所有点向左($\varphi > 0$)或向右($\varphi < 0$)平移 $|\varphi|$ 个单位长度,得到函数 $y = \sin(x + \varphi)$(其中 $x \in \mathbf{R}, \varphi \neq 0$)的图象.

例4 用五点法画出函数 $y = 3\sin\left(2x + \dfrac{\pi}{6}\right)$ 的简图.

解 列表:

$2x + \dfrac{\pi}{6}$	0	$\dfrac{\pi}{2}$	π	$\dfrac{3\pi}{2}$	2π
x	$-\dfrac{\pi}{12}$	$\dfrac{\pi}{6}$	$\dfrac{5\pi}{12}$	$\dfrac{2\pi}{3}$	$\dfrac{11\pi}{12}$
$3\sin\left(2x + \dfrac{\pi}{6}\right)$	0	3	0	-3	0

描点、连线:

如图 4-22 所示,观察函数 $y = 3\sin\left(2x + \dfrac{\pi}{6}\right)$ 的图象,可以看出,函数具有以下性质:

定义域为 $\mathbf{R}$;值域为 $[-3, 3]$,最大值为 3、最小值为 -3;最小正周期为 π. 根据函数 $y = 3\sin\left(2x + \dfrac{\pi}{6}\right)$ 的性质,得出以下结论:

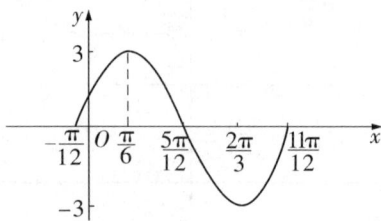

图 4-22

一般地,正弦型函数 $y = A\sin(\omega x + \varphi)$($A > 0, \omega > 0$)有以下主要性质:

(1)**定义域**:$\mathbf{R}$;

(2)**值域**:$[-A, A]$,最大值 A,最小值 $-A$;

(3)**最小正周期**:$\dfrac{2\pi}{\omega}$.

例5 说出下列函数的最大值、最小值和最小正周期:

(1)$y = 3\sin 5x$;　　　(2)$y = -2\sin\left(\dfrac{1}{3}x + \dfrac{\pi}{4}\right)$;　　　(3)$y = \sin 2x + \cos 2x$.

解 (1)$y = 3\sin 5x$ 的最大值是 3,最小值是 -3,最小正周期是 $\dfrac{2\pi}{5}$;

(2)$y = -2\sin\left(\dfrac{1}{3}x + \dfrac{\pi}{4}\right)$ 的最大值是 2,最小值是 -2,最小正周期是 6π;

(3)$y = \sin 2x + \cos 2x = \sqrt{2}\left(\dfrac{\sqrt{2}}{2}\sin 2x + \dfrac{\sqrt{2}}{2}\cos 2x\right)$

$\qquad = \sqrt{2}\sin\left(2x + \dfrac{\pi}{4}\right)$,

所以函数 $y = \sin 2x + \cos 2x$ 的最大值是 $\sqrt{2}$,最小值是 $-\sqrt{2}$,最小正周期是 π.

在物理学中,当函数

$$y = A\sin(\omega x + \varphi) \quad (x \in [0, +\infty))$$

(其中 $A > 0, \omega > 0$)表示一个振动量时,A 就表示这个量振动时离开平衡位置的最大距离,通常称为这个振动的**振幅**.

往返振动一次所需要的时间 $T = \dfrac{2\pi}{\omega}$,称为这个振动的**周期**.

单位时间内往返振动的次数成为振动的**频率**:$f = \dfrac{1}{T} = \dfrac{\omega}{2\pi}$,$\omega x + \varphi$ 称为**相位**,φ 为**初相**.

基础练习

1. 说出下列函数的最大值、最小值和最小正周期:

(1)$y = 3\sin 2x$;　　　　(2)$y = -3\sin\dfrac{1}{2}x$;

(3)$y = 5\sin\left(3x - \dfrac{\pi}{4}\right)$;　　(4)$y = -2\sin\left(\dfrac{1}{2}x + \dfrac{\pi}{4}\right)$;

(5)$y = 3\sin 2x + 4\cos 2x$;　(6)$y = 5\sin 6x + 12\cos 6x$.

2*. 用五点法画下列函数在长度为一个周期的闭区间上的简图:

(1)$y = \sin 3x$;　　　　(2)$y = 2\sin\dfrac{1}{3}x$;

(3)$y = \sin\left(x - \dfrac{\pi}{3}\right)$;　　(4)$y = \sin\left(2x + \dfrac{\pi}{4}\right)$.

提升练习

1. 用五点法画函数 $y = 4\sin\left(2x + \dfrac{2\pi}{3}\right)$ 在长度为一个周期的闭区间上的简图.

2. 把函数 $y = \sin x$ 的图象 F,先沿 x 轴向左平移 $\dfrac{\pi}{3}$ 个单位,再沿 y 轴向上平移 2 个单位得到 F_1,求 F_1 的函数解析式,并求新函数的最大值、最小值和周期.

四、余弦型函数 $y = A\cos(wx + \varphi)$ 的图象和性质

我们知道

$$\cos x = \sin\left(x + \dfrac{\pi}{2}\right)$$

于是可知,把正弦函数 $y = \sin x (x \in \mathbf{R})$ 的图象沿着 x 轴向左平移 $\frac{\pi}{2}$ 个单位,就得到 $y = \cos x (x \in \mathbf{R})$ 的图象,如图 $4-23$ 所示:

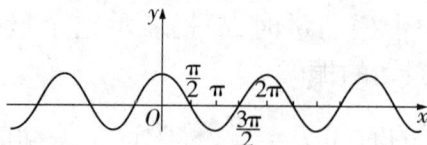

图 $4-23$

余弦函数 $y = \cos x (x \in \mathbf{R})$ 的图象叫作**余弦曲线**.

余弦函数有如下性质:

(1)**定义域**:实数集 $\mathbf{R}$.

(2)**值域**:$[-1, 1]$;当 $x = 2k\pi (k \in \mathbf{Z})$ 时,函数取得最大值 1;$x = (2k+1)\pi$ $(k \in \mathbf{Z})$ 时,函数取得最小值 -1.

(3)**周期性**:最小正周期为 2π.

(4)**奇偶性**:由公式 $\cos(-x) = \cos x$ 可知,余弦函数 $y = \cos x (x \in \mathbf{R})$ 是偶函数. 反映在图象上,余弦曲线关于 y 轴对称.

(5)**单调性**:函数 $y = \cos x$ 在每一个闭区间 $[(2k-1)\pi, 2k\pi] (k \in \mathbf{Z})$ 上,从 -1 增加到 1,是增函数;在每一个闭区间 $[2k\pi, (2k+1)\pi] (k \in \mathbf{Z})$ 上,从 1 减小到 -1,是减函数.

由 $A\cos(\omega x + \varphi) = A\sin\left[(\omega x + \varphi) + \frac{\pi}{2}\right]$ 可以推知,

$$y = A\cos(\omega x + \varphi) \quad (A > 0, \omega > 0)$$

的值域为 $[-A, A]$,最大值是 A,最小值是 $-A$,最小正周期为 $\frac{2\pi}{\omega}$.

例1 求下列函数的最大值、最小值和最小正周期:

(1) $y = 5\cos x$；　　(2) $y = 8\cos\left(2x + \frac{\pi}{3}\right)$.

解 (1) $y = 5\cos x$ 的最大值和最小值分别为 5,-5,最小正周期为 2π;

(2) $y = 8\cos\left(2x + \frac{\pi}{2}\right)$ 的最大值和最小值分别为 8,-8,最小正周期为 π.

例2 不求值,比较下列各对正弦值的大小:

(1) $\cos\dfrac{3\pi}{5}$ 与 $\cos\dfrac{4\pi}{5}$；　　(2) $\cos\left(-\dfrac{22\pi}{7}\right)$ 与 $\cos\left(-\dfrac{35\pi}{7}\right)$.

解 (1)由于 $\dfrac{\pi}{2} < \dfrac{3\pi}{5} < \dfrac{4\pi}{5} < \pi$,且余弦函数在区间 $\left[\dfrac{\pi}{2}, \pi\right]$ 上是减函数,因此

$$\cos\dfrac{3\pi}{5} > \cos\dfrac{4\pi}{5};$$

（2）由于

$$\cos\left(-\frac{22\pi}{7}\right)=\cos\frac{22\pi}{7}=\cos\frac{8}{7}\pi,$$

$$\cos\left(-\frac{35\pi}{7}\right)=\cos\frac{37\pi}{7}=\cos\frac{9\pi}{7},$$

且 $\pi<\frac{8\pi}{7}<\frac{9\pi}{7}<\frac{3\pi}{2}$，且余弦函数在区间 $\left[\pi,\frac{3\pi}{2}\right]$ 上是增函数，因此

$$\cos\frac{8\pi}{7}<\cos\frac{9\pi}{7},$$

即

$$\cos\left(-\frac{22\pi}{7}\right)<\cos\left(-\frac{35\pi}{7}\right).$$

基础练习

1．求下列函数的最大值、最小值和最小正周期：

（1）$y=3\cos x$；　　　　　　（2）$y=-5\cos 6x$；

（3）$y=-2+\cos\left(3x+\frac{\pi}{6}\right)$；　（4）$y=5-2\cos\left(x-\frac{\pi}{3}\right)$．

2．求使函数 $y=3\cos\left(2x+\frac{2\pi}{3}\right)$ 取得最大值、最小值的自变量 x 的值．

3．不求值，比较下列各对余弦值的大小：

（1）$\cos\left(-\frac{\pi}{4}\right)$ 与 $\cos\left(-\frac{\pi}{5}\right)$；　（2）$\cos\frac{8\pi}{5}$ 与 $\cos\frac{8\pi}{7}$；

（3）$\cos\frac{21\pi}{8}$ 与 $\cos\frac{22\pi}{9}$；　　（4）$\cos\frac{8\pi}{7}$ 与 $\cos\frac{9\pi}{7}$．

提升练习

1．用“$>$”“$<$”填空：

（1）$\cos\left(-\frac{23\pi}{5}\right)$ _____ $\cos\left(-\frac{17\pi}{4}\right)$；

（2）$\cos 1\,230^\circ-\cos 1\,220^\circ$ _____ 0．

2．求 $y=3-\cos\left(x+\frac{\pi}{3}\right)$ 的最大值，最小值，并求当 x 取何值时，函数取得最大值、最小值？

五、正切函数的图象和性质

由公式 $\tan(x+\pi)=\tan x\left(x\in\mathbf{R}\text{ 且 }x\neq\frac{\pi}{2}+k\pi,k\in\mathbf{Z}\right)$ 可知，正切函数是周期

函数,并且 π 是它的最小周期. 在 $\left(-\dfrac{\pi}{2}, \dfrac{\pi}{2}\right)$ 上用描点法画正切函数的图象,并把

图象向左、向右连续平移,便得出 $y = \tan x \left(x \in \mathbf{R} \text{ 且 } x \neq \dfrac{\pi}{2} + k\pi, k \in \mathbf{Z}\right)$ 的图象,如

图 4-24 所示.

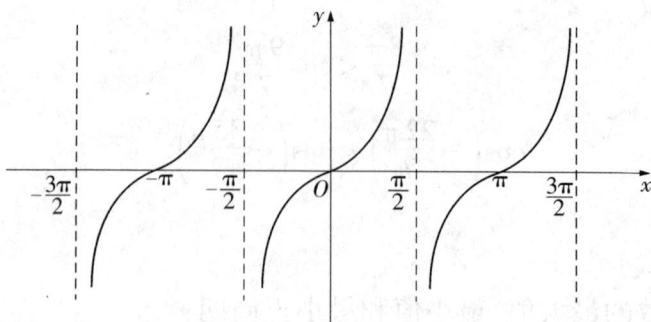

图 4-24

正切函数 $y = \tan x \left(x \neq \dfrac{\pi}{2} + k\pi, k \in \mathbf{Z}\right)$ 的图象叫作**正切曲线**.

正切函数有如下性质:

（1）**定义域**: $\left\{x \mid x \in \mathbf{R}, \text{且} x \neq \dfrac{\pi}{2} + k\pi, k \in \mathbf{Z}\right\}$.

（2）**值域**: 在 $\left(-\dfrac{\pi}{2}, \dfrac{\pi}{2}\right)$ 内,正切函数的图象可以向上下无限延伸,所以正切函数的值域为实数集 $\mathbf{R}$.

（3）**周期性**: 正切函数的最小正周期为 π.

（4）**奇偶性**: 由公式 $\tan(-x) = -\tan x$ 可知,正切函数 $y = \tan x (x \in \mathbf{R})$ 是奇函数. 反映在图象上,正切曲线关于原点对称.

（5）**单调性**: 正切函数在每一个开区间 $\left(-\dfrac{\pi}{2} + k\pi, \dfrac{\pi}{2} + k\pi\right)(k \in \mathbf{Z})$ 内都是增函数.

思考: 正切函数 $y = \tan x$ 在整个定义域内是增函数吗?

例 1 比较下列各组正切值的大小:

（1）$\tan\left(-\dfrac{\pi}{8}\right)$ 与 $\tan\left(-\dfrac{\pi}{10}\right)$;　　　　（2）$\tan\dfrac{8\pi}{7}$ 与 $\tan\dfrac{9\pi}{7}$.

解 （1）因为 $-\dfrac{\pi}{2} < -\dfrac{\pi}{8} < -\dfrac{\pi}{10} < 0$,并且正切函数在 $\left(-\dfrac{\pi}{2}, 0\right]$ 上是增函数,

所以

$$\tan\left(-\dfrac{\pi}{8}\right) < \tan\left(-\dfrac{\pi}{10}\right);$$

（2）因为 $\pi < \dfrac{8\pi}{7} < \dfrac{9\pi}{7} < \dfrac{3\pi}{2}$，并且正切函数 $\left[\pi, \dfrac{3\pi}{2}\right)$ 上是增函数，所以

$$\tan\dfrac{8\pi}{7} < \tan\dfrac{9\pi}{7}.$$

例2　求函数 $y = \tan 3x$ 的定义域.

解　根据正切函数的定义，有

$$3x \neq \dfrac{\pi}{2} + k\pi \ (k \in \mathbf{Z}),$$

解得

$$x \neq \dfrac{\pi}{6} + \dfrac{k\pi}{3} \ (k \in \mathbf{Z}).$$

因此，$y = \tan 3x$ 的定义域是 $\left\{x \mid x \neq \dfrac{\pi}{6} + \dfrac{k\pi}{3}, k \in \mathbf{Z}\right\}$.

基础练习

1. 比较下列各组值的大小：

（1）$\tan\dfrac{\pi}{8}$ 与 $\tan\dfrac{\pi}{10}$；　　　　（2）$\tan\dfrac{6\pi}{5}$ 与 $\tan\dfrac{7\pi}{5}$；

（3）$\tan\dfrac{3\pi}{5}$ 与 $\tan\dfrac{4\pi}{5}$；　　　　（4）$\tan\left(-\dfrac{\pi}{7}\right)$ 与 $\tan\left(-\dfrac{\pi}{9}\right)$.

2. 求下列函数的定义域：

（1）$y = \tan 2x$；　　　　（2）$y = 3\tan\dfrac{x}{2}$；　　　　（3）$y = \tan\left(x + \dfrac{\pi}{3}\right)$.

3. 求下列函数的最小正周期：

（1）$y = \tan 3x$；　　　　（2）$y = 5\tan\dfrac{x}{3}$；　　　　（3）$y = \tan\left(x + \dfrac{\pi}{3}\right)$.

提升练习

1. 比较 $\tan\left(-\dfrac{11\pi}{5}\right)$ 与 $\tan\dfrac{4\pi}{5}$ 的大小.

2. 求 $y = -1 + \tan\left(3x + \dfrac{\pi}{4}\right)$ 的定义域.

第九节 * 已知三角函数值求角

已知任意一个角,都可以求出它的三角函数值(只要角属于这个函数的定义域).反过来,如果已知一个角的三角函数值,也可以求出它对应的角.

一、已知正弦值,求角

例1 (1)已知 $\sin x = \dfrac{\sqrt{2}}{2}$,且 $x \in \left[-\dfrac{\pi}{2}, \dfrac{\pi}{2} \right]$,求角 x;

(2)已知 $\sin x = \dfrac{\sqrt{2}}{2}$,且 $x \in [0, 2\pi)$,求角 x.

解 (1)因为 $\sin x = \dfrac{\sqrt{2}}{2} > 0$,$x \in \left[-\dfrac{\pi}{2}, \dfrac{\pi}{2} \right]$,所以 x 是第一象限角,且符合条件的角 x 只有一个. 由于

$$\sin \frac{\pi}{4} = \frac{\sqrt{2}}{2},$$

所以

$$x = \frac{\pi}{4}.$$

(2)因为 $\sin x = \dfrac{\sqrt{2}}{2} > 0$,且 $x \in [0, 2\pi)$,所以 x 是第一或第二象限角. 由

$$\sin \frac{\pi}{4} = \frac{\sqrt{2}}{2}$$

可知,符合条件的第一象限角为 $\dfrac{\pi}{4}$;

又由诱导公式

$$\sin\left(\pi - \frac{\pi}{4} \right) = \sin \frac{\pi}{4} = \frac{\sqrt{2}}{2},$$

可知,符合条件的第二象限角为

$$x = \pi - \frac{\pi}{4} = \frac{3\pi}{4}.$$

所以符合条件的角 x 为 $\dfrac{\pi}{4}$ 或 $\dfrac{3\pi}{4}$.

一般地,把在区间 $\left[-\dfrac{\pi}{2}, \dfrac{\pi}{2} \right]$ 上,符合条件 $\sin x = a (-1 \leqslant a \leqslant 1)$ 的角 x 叫作实数 a 的反正弦,记作 $\arcsin a$,即 $x = \arcsin a, a \in [-1, 1]$.

注　符号"arcsin a"表示的是一个角,设这个角为 β,则 β 必须满足两个条件:

(1) $\beta \in \left[-\dfrac{\pi}{2}, \dfrac{\pi}{2} \right]$;

(2) $\sin \beta = a$.

例2　求下列各式的值:

(1) $\arcsin \dfrac{1}{2}$;　(2) $\arcsin \dfrac{\sqrt{3}}{2}$;　(3) $\arcsin\left(-\dfrac{\sqrt{2}}{2} \right)$;　(4) $\arcsin 1$.

解　(1)因为在 $\left[-\dfrac{\pi}{2}, \dfrac{\pi}{2} \right]$ 上, $\sin \dfrac{\pi}{6} = \dfrac{1}{2}$,所以 $\arcsin \dfrac{1}{2} = \dfrac{\pi}{6}$;

(2)因为在 $\left[-\dfrac{\pi}{2}, \dfrac{\pi}{2} \right]$ 上, $\sin \dfrac{\pi}{3} = \dfrac{\sqrt{3}}{2}$,所以 $\arcsin \dfrac{\sqrt{3}}{2} = \dfrac{\pi}{3}$;

(3)因为在 $\left[-\dfrac{\pi}{2}, \dfrac{\pi}{2} \right]$ 上, $\sin\left(-\dfrac{\pi}{4} \right) = -\dfrac{\sqrt{2}}{2}$,所以 $\arcsin\left(-\dfrac{\sqrt{2}}{2} \right) = -\dfrac{\pi}{4}$;

(4)因为在 $\left[-\dfrac{\pi}{2}, \dfrac{\pi}{2} \right]$ 上, $\sin \dfrac{\pi}{2} = 1$,所以 $\arcsin 1 = \dfrac{\pi}{2}$.

例3*　已知 $\sin x = 0.215\,6, x \in [0, 2\pi)$,求角 x.

解　因为 $\sin x = 0.215\,6 > 0$,且 $x \in [0, 2\pi)$,所以 x 是第一或第二象限角.由反正弦函数的定义,可知符合条件的第一象限角为

$$x = \arcsin 0.215\,6;$$

又由于

$$\sin(\pi - x) = \sin x,$$

可知符合条件的第二象限角为

$$x = \pi - \arcsin 0.215\,6,$$

所以符合条件的角 x 为 $\arcsin 0.215\,6$ 或 $\pi - \arcsin 0.215\,6$.

二、已知余弦值,求角

例1　(1)已知 $\cos x = -\dfrac{1}{2}$,且 $x \in [0, \pi]$,求角 x;

(2)已知 $\cos x = -\dfrac{1}{2}$,且 $x \in [0, 2\pi]$,求角 x.

解　(1)因为 $\cos x = -\dfrac{1}{2} < 0$,且 $x \in [0, \pi]$,所以 x 是第二象限角,且符合条件的 x 只有一个. 由于

$$\cos\left(\pi - \frac{\pi}{3}\right) = -\cos\frac{\pi}{3} = -\frac{1}{2},$$

所以

$$x = \pi - \frac{\pi}{3} = \frac{2\pi}{3}.$$

（2）因为 $\cos x = -\frac{1}{2} < 0$，且 $x \in [0, 2\pi]$，所以 x 是第二或第三象限角. 由

$$\cos\left(\pi - \frac{\pi}{3}\right) = -\cos\frac{\pi}{3} = -\frac{1}{2},$$

可知，符合条件的第二象限角为

$$x = \pi - \frac{\pi}{3} = \frac{2\pi}{3}.$$

又

$$\cos\left(\pi + \frac{\pi}{3}\right) = -\cos\frac{\pi}{3} = -\frac{1}{2},$$

可知，符合条件的第三象限角为

$$x = \pi + \frac{\pi}{3} = \frac{4\pi}{3}.$$

所以符合条件的角 x 为 $\frac{2\pi}{3}$ 或 $\frac{4\pi}{3}$.

由上例可以看出，在区间 $[0, 2\pi)$ 上，满足 $\cos x = -\frac{1}{2}$ 的角 x 有两个；在区间 $[0, \pi]$ 上，由于余弦函数单调递减，满足 $\cos x = -\frac{1}{2}$ 的角 x 只有一个.

一般地，把在区间 $[0, \pi]$ 上，符合条件 $\cos x = a(-1 \leqslant a \leqslant 1)$ 的角 x 叫作**实数 a 的反余弦**，记作 $\arccos a$，即 $x = \arccos a, a \in [-1, 1]$.

例 2*   （1）已知 $\cos x = 0.766\,0$，且 $x \in [0, \pi]$，求角 x；

（2）已知 $\cos x = -0.766\,0$，且 $x \in [0, \pi]$，求角 x.

解   （1）因为 $\cos x = 0.766\,0$，且 $x \in [0, \pi]$，所以

$$x = \arccos 0.766\,0;$$

（2）因为 $\cos x = -0.766\,0$，且 $x \in [0, \pi]$，所以

$$x = \arccos(-0.766\,0)$$
$$= \pi - \arccos 0.766\,0.$$

三、已知正切值，求角

例1 已知 $\tan x = -\dfrac{\sqrt{3}}{3}$，且 $x \in \left(-\dfrac{\pi}{2}, \dfrac{\pi}{2} \right)$，求角 x.

解 由于正切函数在区间 $\left(-\dfrac{\pi}{2}, \dfrac{\pi}{2} \right)$ 上是增函数，所以符合条件的角 x 只有一个. 由于

$$\tan\left(-\frac{\pi}{6} \right) = -\tan\frac{\pi}{6} = -\frac{\sqrt{3}}{3},$$

可知，所求的角为

$$x = -\frac{\pi}{6}.$$

一般地，如果 $\tan x = a\,(a \in \mathbf{R})$，且 $x \in \left(-\dfrac{\pi}{2}, \dfrac{\pi}{2} \right)$，则角 x 叫作**实数** a **的反正切**，记作 $\arctan a$，即 $x = \arctan a, a \in \mathbf{R}$.

例2 已知 $\tan x = -\dfrac{1}{3}$，且 $x \in \left(-\dfrac{\pi}{2}, \dfrac{\pi}{2} \right)$，求角 x.

解 因为 $x \in \left(-\dfrac{\pi}{2}, \dfrac{\pi}{2} \right)$，所以 $x = \arctan\left(-\dfrac{1}{3} \right) = -\arctan\dfrac{1}{3}$.

基础练习

1. 求下列各式的值：

(1) $\arcsin\left(-\dfrac{1}{2} \right)$；　　(2) $\arccos\dfrac{\sqrt{2}}{2}$；　　(3) $\arctan 1$.

2. 求满足下列条件的角 x：

(1) $\sin x = -\dfrac{\sqrt{3}}{2}$，且 $x \in \left[-\dfrac{\pi}{2}, \dfrac{\pi}{2} \right]$；　　(2) $\tan x = -\dfrac{\sqrt{3}}{3}$，且 $x \in \left(-\dfrac{\pi}{2}, \dfrac{\pi}{2} \right)$.

提升练习

用反函数表示下列各式：

(1) $\sin x = \dfrac{3}{5}, x \in \left[-\dfrac{\pi}{2}, \dfrac{\pi}{2} \right]$；　　(2) $\cos x = \dfrac{1}{3}, x \in [\,0, \pi\,]$.

第十节* 解三角形

我们知道,每个三角形都有六个元素,即三个内角和三条边. 由三角形的已知元素求其他未知元素的方法叫作**解三角形**. 在中学已学过直角三角形的解法,其使用的工具是勾股定理、锐角三角函数等. 本节将介绍正弦定理和余弦定理,并利用这两个定理来解任意三角形.

一、正弦定理

在初中,我们已学习过解直角三角形,如图 4 – 25 所示,对于 Rt△ACB 有

$$\sin A = \frac{a}{c}, \sin B = \frac{b}{c},$$

所以

$$\frac{a}{\sin A} = \frac{b}{\sin B} = c.$$

又因为 $\angle C = 90°$,$\sin C = 1$,于是可得

$$\frac{a}{\sin A} = \frac{b}{\sin B} = \frac{c}{\sin C}.$$

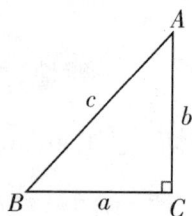

图 4 – 25

对于任意三角形,是否也存在上述等量关系式呢?

如图 4 – 26 所示,钝角△ABC 中,∠C 为钝角,过点 C 作 CD⊥AB,垂足为 D,过点 B 作 BE⊥AC,垂足为 E,因此

$$\sin A = \frac{d}{b}, \sin B = \frac{d}{a},$$

由此得出

$$b\sin A = a\sin B,$$

从而

$$\frac{a}{\sin A} = \frac{b}{\sin B}. \qquad ①$$

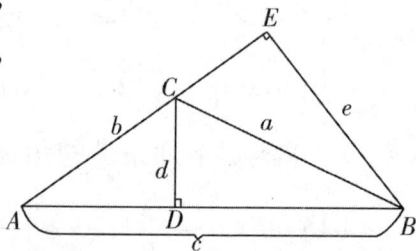

图 4 – 26

又因为

$$\sin A = \frac{e}{c}, \sin(\pi - C) = \sin C = \frac{e}{a},$$

所以

$$\frac{c}{\sin C} = \frac{a}{\sin A}. \qquad ②$$

由①和②式得

$$\frac{a}{\sin A} = \frac{b}{\sin B} = \frac{c}{\sin C}.$$

当三角形为锐角三角形时,同样可以得到这个结论,即**三角形三边与它们对应角的正弦之比相等**,这个结论称为**正弦定理**.

从上述分析过程可以得出 $\triangle ABC$ 的面积 S 为

$$S = \frac{1}{2}cb\sin A = \frac{1}{2}ca\sin B = \frac{1}{2}ab\sin C,$$

即**任意三角形的面积等于它的两条边长及其夹角正弦的乘积的一半**.

利用正弦定理解三角形,可以解决下列情形:

(1)已知三角形的两个角和任意一边,求其他两边和一角;

(2)已知三角形的两边和其中一边所对角,求其他两角和一边.

已知三角形的其中 3 个元素(至少一个是边),就可以求出其余的 3 个元素.

例1 在 $\triangle ABC$ 中,已知 $\angle B = 30°$,$\angle C = 135°$,$c = 6$. 求 b.

解 由于

$$\frac{b}{\sin B} = \frac{c}{\sin C},$$

所以

$$b = \frac{c\sin B}{\sin C} = \frac{6 \times \sin 30°}{\sin 135°} = \frac{6 \times \frac{1}{2}}{\frac{\sqrt{2}}{2}} = 3\sqrt{2}.$$

例2 在 $\triangle ABC$ 中,$\angle A = 45°$,$a = 30$,$b = 15\sqrt{2}$,求 $\angle B$ 及 $\triangle ABC$ 的面积 S.

解 因为

$$\frac{a}{\sin A} = \frac{b}{\sin B},$$

所以

$$\sin B = \frac{b \sin A}{a} = \frac{15\sqrt{2} \times \sin 45^{\circ}}{30} = \frac{1}{2}.$$

由于 $b < a$, $\angle B < \angle A$, 即 $\angle B < 45^{\circ}$, 所以 $\angle B = 30^{\circ}$.

又

$$\angle C = 180^{\circ} - \angle B - \angle A = 180^{\circ} - 30^{\circ} - 45^{\circ} = 105^{\circ},$$

所以

$$\sin C = \sin(60^{\circ} + 45^{\circ}) = \frac{\sqrt{3}}{2} \times \frac{\sqrt{2}}{2} + \frac{\sqrt{2}}{2} \times \frac{1}{2} = \frac{\sqrt{6} + \sqrt{2}}{4}.$$

$$S = \frac{1}{2} ab \sin C = \frac{1}{2} \times 30 \times 15\sqrt{2} \times \frac{\sqrt{6} + \sqrt{2}}{4} = \frac{225\sqrt{3} + 225}{2}.$$

例 3* 在 $\triangle ABC$ 中, 已知 $a = 2(\sqrt{6} - \sqrt{2})$, $b = 4$, $\angle A = 30^{\circ}$, 求 $\angle B$, $\angle C$ 及 c.

解 $\sin B = \dfrac{b \sin A}{a} = \dfrac{4 \sin 30^{\circ}}{2(\sqrt{6} - \sqrt{2})}$

$$= \frac{4 \cdot \dfrac{1}{2} \cdot (\sqrt{6} + \sqrt{2})}{2(\sqrt{6} - \sqrt{2})(\sqrt{6} + \sqrt{2})}$$

$$= \frac{\sqrt{6} + \sqrt{2}}{6 - 2} = \frac{\sqrt{6} + \sqrt{2}}{4}.$$

因为

$$\sin 75^{\circ} = \sin(45^{\circ} + 30^{\circ}) = \frac{\sqrt{6} + \sqrt{2}}{4},$$

$$\sin(180^{\circ} - 75^{\circ}) = \sin 105^{\circ},$$

所以 $\angle B = 75^{\circ}$ 或 $\angle B = 105^{\circ}$, 它们都符合三角形内角的要求.

当 $\angle B = 75^{\circ}$ 时, $\angle C = 180^{\circ} - (30^{\circ} + 75^{\circ}) = 75^{\circ}$, 从而 $c = b = 4$;

当 $\angle B = 105^{\circ}$ 时, $\angle C = 180^{\circ} - (30^{\circ} + 105^{\circ}) = 45^{\circ}$, 从而

$$c = \frac{a \sin C}{\sin A} = \frac{2(\sqrt{6} - \sqrt{2}) \times \dfrac{\sqrt{2}}{2}}{\dfrac{1}{2}} = 4(\sqrt{3} - 1).$$

综上所述, 本题有两组解:

(1) $\angle B = 75^{\circ}$, $\angle C = 75^{\circ}$, $c = 4$;

（2）$\angle B = 105^\circ$，$\angle C = 45^\circ$，$c = 4(\sqrt{3}-1)$.

基础练习

1. 在 $\triangle ABC$ 中，$\angle A = 30^\circ$，$\angle B = 105^\circ$，$c = 4$. 求 $\angle C$ 和 a.

2. 已知 $\triangle ABC$ 中，$\angle A = 60^\circ$，$a = 15$，$b = 10$，求 $\angle B$.

3. 在 $\triangle ABC$ 中，$\angle A = 45^\circ$，$\angle B = 30^\circ$，$b = \sqrt{3}$，求 a 和 c.

4. 在 $\triangle ABC$ 中，$a = 6$，$b = 13$，$\angle C = 45^\circ$，求 $\triangle ABC$ 的面积 S.

提升练习

1. 在 $\triangle ABC$ 中，$b = 4$，$\angle B = 30^\circ$，$\angle C = 45^\circ$，求 $\triangle ABC$ 的面积 S.

2. 在 $\triangle ABC$ 中，已知 $\sin^2 A + \sin^2 B = \sin^2 C$，求证：$\triangle ABC$ 是直角三角形.

二、余弦定理

如图 $4-27$ 所示，在钝角 $\triangle ABC$ 中，$\angle C$ 为钝角，过点 C 作 $CD \perp AB$，垂足为 D，过点 B 作 $BE \perp AC$，垂足为 E，把 $|CD|$ 记作 d，$|AD|$ 记作 c_1.

在直角三角形 CDB 和 ADC 中，有

$$a^2 = d^2 + (c - c_1)^2,$$
$$b^2 = d^2 + c_1^2,$$
$$c_1 = b\cos A.$$

因此

$$a^2 = d^2 + c^2 + c_1^2 - 2cc_1$$
$$= (b^2 - c_1^2) + c^2 + c_1^2 - 2bc\cos A$$
$$= b^2 + c^2 - 2bc\cos A,$$

即

$$a^2 = b^2 + c^2 - 2bc\cos A.$$

用类似的方法可以得出

$$b^2 = a^2 + c^2 - 2ac\cos B,$$
$$c^2 = a^2 + b^2 - 2ab\cos C.$$

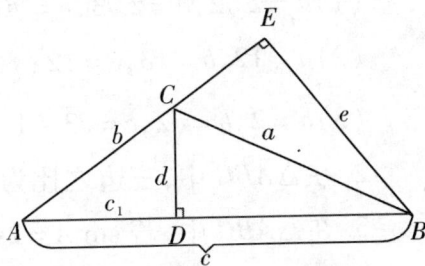

图 $4-27$

对于任意三角形,上述三个等式都成立,即三角形任意一边的平方等于其他两边的平方和减去这两边长与其夹角余弦乘积的二倍,这个结论称为**余弦定理**.

利用余弦定理可以解决下列解三角形的问题:

(1)已知三角形的两条边和它们的夹角,求第三边和其他的两个角.

(2)已知三角形的三边,求三个角.

例 在 $\triangle ABC$ 中,$\angle A=60^\circ$,$b=8$,$c=3$,求 a.

解 $a^2=b^2+c^2-2bc\cos A=8^2+3^2-2\times8\times3\times\cos60^\circ=49$,

所以

$$a=7.$$

基础练习

1. 在 $\triangle ABC$ 中,已知 $A=60^\circ$,$B=75^\circ$,$c=3$,求 $\angle C$,a,b.

2. 在 $\triangle ABC$ 中,已知 $b=8$,$c=6$,$A=60^\circ$,求 a,$\angle B$.

提升练习

1. 判断三角形是锐角三角形、直角三角形还是钝角三角形:

(1)$a=2\sqrt{2}$,$b=2\sqrt{3}$,$c=\sqrt{6}+\sqrt{2}$;

(2)$a=12$,$b=13$,$c=12$;

(3)$a=2$,$b=\sqrt{2}$,$c=\sqrt{3}+1$.

2. 在 $\triangle ABC$ 中,三边之比为 $a:b:c=3:5:7$,求三角形最大的角.

3. 在 $\triangle ABC$ 中,若 $\sin A=2\sin C\cos B$,判断此三角形的形状.

综合训练四

1. 判断：

(1) 第二象限角都是钝角. （　　）

(2) $850°$ 和 $60°$ 终边相同. （　　）

(3) $\sin(-2\alpha) = -\sin 2\alpha$. （　　）

(4) $\cos(-\alpha + 2k\pi) = \cos\alpha$. （　　）

(5) $\sin^2\dfrac{\alpha}{2} + \cos^2\dfrac{\alpha}{2} = 1$. （　　）

(6) 函数 $y = 2\sin\left(2x + \dfrac{\pi}{6}\right)$ 的最小正周期是 $\dfrac{\pi}{2}$，最小值是2. （　　）

(7) $y = 1 + \cos x$ 是奇函数. （　　）

(8) $\cos 36° = \cos^2 18° - \sin^2 18°$. （　　）

2. 填空：

(1) 与 $\dfrac{\pi}{2}$ 终边相同的角的集合是_____.

(2) 已知 $\tan x = -\sqrt{3}$，且 $x \in [0, 2\pi]$，则角 $x =$_____.

(3) $\cos\dfrac{5\pi}{6} =$_____，$\cot 120° =$_____.

(4) 函数 $y = 2\sin\left(\dfrac{x}{2} + \dfrac{\pi}{5}\right)$ 的最小正周期为_____，最小值为_____.

(5) 函数 $y = 2\sin x$ 的定义域是_____.

(6) 函数 $y = 2\cos 8x$ 的图象关于_____对称.

3. 求下列各角的正弦、余弦、正切：

$$\dfrac{\pi}{6}; \quad \dfrac{2\pi}{3}; \quad \dfrac{\pi}{4}.$$

4. 已知 $\cos\alpha = \dfrac{4}{5}$，且 α 是第四象限角，求 $\sin\alpha, \tan\alpha$.

5. 计算 $\sin \dfrac{25\pi}{3} + \cos\left(-\dfrac{23\pi}{4}\right) + \tan\left(-\dfrac{15\pi}{6}\right)$.

6. 比较下列各组值的大小：

（1）$\cos \dfrac{3\pi}{5}$ 与 $\cos \dfrac{4\pi}{5}$；

（2）$\tan\left(-\dfrac{5\pi}{13}\right)$ 与 $\tan\left(-\dfrac{4\pi}{13}\right)$.

7. 已知 $\cos \alpha = -\dfrac{3}{5}, \sin \beta = \dfrac{5}{13}, \pi < \alpha < \dfrac{3\pi}{2}, \dfrac{\pi}{2} < \beta < \pi$. 求 $\sin(\alpha + \beta)$, $\cos(\alpha - \beta)$ 的值.

8. 求使 $y = \sqrt{2}\cos 2x$ 取得最大值，最小值时 x 的集合.

9. 已知角 α 终边上一点 $P(-a, a)$，求 $\sin \alpha, \cos \alpha, \tan \alpha$.

10*. 在 $\triangle ABC$ 中，已知 $\angle A = 30°, b = 10, c = 10\sqrt{3}$，解此三角形.

本章小结

三角函数是研究周期性变化现象的有力工具.本章的中心问题是讨论**三角函数**.给出三角函数的概念,介绍三角函数值的计算方法;探讨三角函数的性质,画出三角函数的图象,利用图象从已知三角函数值求指定区间内的角,进而介绍反三角函数的概念;给出两角和与差的正弦、余弦、正切公式,以及倍角公式;给出正弦定理和余弦定理,进而介绍解三角形的方法.

一、三角函数的概念和计算

从手表的秒针(或时针、分针)绕表盘中心旋转的现象看到,随着时间的推移,秒针转过的角度在不断增加,因此有必要把初中学过的角的概念推广到**任意角**,包括正角和负角以及零角.

为了使一些重要公式变得简洁,角的大小的度量通常采用弧度制.把长度等于半径的圆弧所对应的圆心角的大小规定为 1 **弧度**,从而 π 弧度 $=180°$.采用弧度制后,在所有角组成的集合与实数集 **R** 之间有一个一一对应的关系:每个角对应于它的弧度数,从而可以把所有角组成的集合与实数集等同看待.

建立平面直角坐标系 xOy,以射线 Ox 为角的始边,在角 α 的终边上任取一点 $P(x,y)$,$|OP|=r$,则角 α 的**正弦、余弦、正切**依次是下述比值:

$$\sin \alpha = \frac{y}{r},\cos \alpha = \frac{x}{r},\tan \alpha = \frac{y}{x},$$

其中,当 $\alpha \neq \frac{\pi}{2}+k\pi,k\in \mathbf{Z}$ 时,$\tan \alpha$ 才有意义.

把每一个角 α 对应到 $\sin \alpha$(或 $\cos \alpha$)的映射称为**正弦**(或**余弦**)**函数**.把每一个不等于 $\frac{\pi}{2}+k\pi,k\in \mathbf{Z}$ 的角 α 对应到 $\tan \alpha$ 的映射称为**正切函数**.

同角三角函数的基本关系式如下:

$$\sin^2 \alpha + \cos^2 \alpha = 1,\alpha \in \mathbf{R};$$

$$\tan \alpha = \frac{\sin \alpha}{\cos \alpha}, \quad \alpha \neq \frac{\pi}{2}+k\pi,k\in \mathbf{Z}.$$

诱导公式常用的有四组：

$$\begin{cases} \sin(\alpha+2k\pi)=\sin\alpha, & \alpha\in\mathbf{R},k\in\mathbf{Z}, \\ \cos(\alpha+2k\pi)=\cos\alpha, & \alpha\in\mathbf{R},k\in\mathbf{Z}, \\ \tan(\alpha+2k\pi)=\tan\alpha, & \alpha\neq\dfrac{\pi}{2}+k\pi,k\in\mathbf{Z}; \end{cases}$$

$$\begin{cases} \sin(-\alpha)=-\sin\alpha, & \alpha\in\mathbf{R}, \\ \cos(-\alpha)=\cos\alpha, & \alpha\in\mathbf{R}, \\ \tan(-\alpha)=-\tan\alpha, & \alpha\neq\dfrac{\pi}{2}+k\pi,k\in\mathbf{Z}; \end{cases}$$

$$\begin{cases} \sin(\pi+\alpha)=-\sin\alpha, & \alpha\in\mathbf{R}, \\ \cos(\pi+\alpha)=-\cos\alpha, & \alpha\in\mathbf{R}, \\ \tan(\pi+\alpha)=\tan\alpha, & \alpha\neq\dfrac{\pi}{2}+k\pi,k\in\mathbf{Z}; \end{cases}$$

$$\begin{cases} \sin(\pi-\alpha)=\sin\alpha, & \alpha\in\mathbf{R}, \\ \cos(\pi-\alpha)=-\cos\alpha, & \alpha\in\mathbf{R}, \\ \tan(\pi-\alpha)=-\tan\alpha, & \alpha\neq\dfrac{\pi}{2}+k\pi,k\in\mathbf{Z}. \end{cases}$$

诱导公式的主要作用之一是把任意角的正弦、余弦、正切转化为锐角的正弦、余弦、正切，进而不去查表求出相应的函数值. 有了计算器后，可以直接求出任意角的正弦、余弦、正切. 诱导公式还在研究三角函数的性质，以及已知三角函数值求指定区间内的角等方面起着重要作用.

二、三角函数的性质和图象

正弦函数 $y=\sin x$、余弦函数 $y=\cos x$，正切函数 $y=\tan x$ 的主要性质以及在长度为一个周期的区间上的图象如下表所示：

	$y=\sin x$	$y=\cos x$	$y=\tan x$
定义域	$\mathbf{R}$	$\mathbf{R}$	$\left\{x \,\middle|\, x\in\mathbf{R}\text{ 且 } x\neq\dfrac{\pi}{2}+k\pi,k\in\mathbf{Z}\right\}$
值域	$[-1,1]$	$[-1,1]$	$\mathbf{R}$
最小正周期	2π	2π	π
奇偶性	奇函数	偶函数	奇函数

单调性	在 $\left[-\dfrac{\pi}{2}+2k\pi,\dfrac{\pi}{2}+2k\pi\right]$($k\in\mathbf{Z}$)上是增函数；在 $\left[\dfrac{\pi}{2}+2k\pi,\dfrac{3\pi}{2}+2k\pi\right]$($k\in\mathbf{Z}$)上是减函数	在 $\left[(2k-1)\pi,2k\pi\right]$($k\in\mathbf{Z}$)上是增函数，在 $\left[2k\pi,(2k+1)\pi\right]$($k\in\mathbf{Z}$)上是减函数	在 $\left(-\dfrac{\pi}{2}+k\pi,\dfrac{\pi}{2}+k\pi\right)$($k\in\mathbf{Z}$)上是增函数
最大（小）值	在 $x=\dfrac{\pi}{2}+2k\pi$($k\in\mathbf{Z}$)处达到最大值1，在 $x=-\dfrac{\pi}{2}+2k\pi$($k\in\mathbf{Z}$)处达到最小值 -1	在 $x=2k\pi$($k\in\mathbf{Z}$)处达到最大值1，在 $x=(2k+1)\pi$($k\in\mathbf{Z}$)处达到最小值 -1	没有最大值，没有最小值
一个周期内的图象			

$y=A\sin(\omega x+\varphi)$($A>0,\omega>0$)的定义域是 $\mathbf{R}$；值域是 $[-A,A]$；最大值是 A，最小值是 $-A$；最小正周期是 $\dfrac{2\pi}{\omega}$．可以采用"五点法"画 $y=A\sin(\omega x+\varphi)$ 在长度为一个周期的区间上的图象．

把 $y=\sin x$ 的定义域限制到 $\left[-\dfrac{\pi}{2},\dfrac{\pi}{2}\right]$ 上，它有反函数，记作 $y=\arcsin x$，称为**反正弦函数**．

把 $y=\cos x$ 的定义域限制到 $[0,\pi]$ 上，它有反函数，记作 $y=\arccos x$，称为**反余弦函数**．

把 $y=\tan x$ 的定义域限制到 $\left(-\dfrac{\pi}{2},\dfrac{\pi}{2}\right)$ 内，它有反函数，记作 $y=\arctan x$，称为**反正切函数**．

反三角函数	$y = \arcsin x$	$y = \arccos x$	$y = \arctan x$
定义域	$[-1,1]$	$[-1,1]$	$\mathbf{R}$
值域	$\left[-\dfrac{\pi}{2},\dfrac{\pi}{2}\right]$	$[0,\pi]$	$\left(-\dfrac{\pi}{2},\dfrac{\pi}{2}\right)$

三、两角和与差的三角函数

$$\begin{cases} \sin(\alpha \pm \beta) = \sin\alpha\cos\beta \pm \cos\alpha\sin\beta, \\ \cos(\alpha \pm \beta) = \cos\alpha\cos\beta \mp \sin\alpha\sin\beta, \\ \tan(\alpha \pm \beta) = \dfrac{\tan\alpha \pm \tan\beta}{1 \mp \tan\alpha\tan\beta}; \end{cases}$$

$$\begin{cases} \sin\left(\dfrac{\pi}{2} - \alpha\right) = \cos\alpha, \\ \cos\left(\dfrac{\pi}{2} - \alpha\right) = \sin\alpha, \end{cases} \begin{cases} \sin\left(\dfrac{\pi}{2} + \alpha\right) = \cos\alpha, \\ \cos\left(\dfrac{\pi}{2} + \alpha\right) = -\sin\alpha, \end{cases}$$

$$\begin{cases} \sin 2\alpha = 2\sin\alpha\cos\alpha, \\ \cos 2\alpha = \cos^2\alpha - \sin^2\alpha, \\ \qquad = 2\cos^2\alpha - 1, \\ \qquad = 1 - 2\sin^2\alpha, \\ \tan 2\alpha = \dfrac{2\tan\alpha}{1 - \tan^2\alpha}. \end{cases}$$

四、三角函数的应用

正弦定理

$$\frac{a}{\sin A} = \frac{b}{\sin B} = \frac{c}{\sin C}.$$

余弦定理

$$a^2 = b^2 + c^2 - 2bc\cos A,$$
$$b^2 = c^2 + a^2 - 2ca\cos B,$$
$$c^2 = a^2 + b^2 - 2ab\cos C.$$

$\triangle ABC$ 的面积公式

$$S = \frac{1}{2}ab\sin C = \frac{1}{2}bc\sin A = \frac{1}{2}ca\sin B.$$

解三角形在测量、几何、物理等许多实际问题中有着很多应用.

第五章

数　列

1. 了解数列的概念.

2. 理解等差数列的概念, 掌握等差数列的通项公式及前 n 项和公式.

3. 理解等比数列的概念, 掌握等比数列的通项公式及前 n 项和公式.

4. 会用等差数列、等比数列的前 n 项和公式或通项公式解决简单的实际问题.

学习目标

数学博客

　　假如你是招聘者, 一位应聘者提出这样一份工资合同: 他每天正常工作, 而工资则按照第一天只给 1 分钱, 第二天付给 2 分钱, 第三天付给 4 分钱, 依此类推, 以后每天所付的工资都是前一天的 2 倍, 你是否愿意招这位应聘者呢?

　　你也许觉得这是天大的好事, 认为这份合同将会给你带来非常大的收益, 迫不及待地就要签字, 且慢! 一旦签了字, 一个月之内就会损失非常大的一笔钱! 你是否有点不相信呢? 学了这章知识后, 你就会明白了.

第一节 数列的基础知识

观察下面的例子

（1）北京某五星级酒店1~6月份每月接待外国游客的数量为

$$230,285,340,395,450,505;$$

（2）正整数的倒数排成一列

$$1,\frac{1}{2},\frac{1}{3},\frac{1}{4},\cdots;$$

（3）$\sqrt{2}$精确到 1，0.1，0.01，0.001，$\cdots$ 的不足近似值排成一列

$$1,1.4,1.41,1.414,\cdots;$$

（4）-1 的 1 次幂，2 次幂，3 次幂，4 次幂，$\cdots$ 排列成一列数

$$-1,1,-1,1,\cdots;$$

（5）无穷多个 -5 排成一列

$$-5,-5,-5,-5,\cdots.$$

按一定次序排成的一列数叫作**数列**，数列中的每一个数叫作这个数列的**项**，从开始的那项起各项依次叫作这个数列的第 1 项（或首项），第 2 项，$\cdots$，第 n 项，$\cdots$.

数列的一般形式可以写成

$$a_1,a_2,a_3,\cdots,a_n,\cdots.$$

通常情况下把上面的数列简记作 $\{a_n\}$，其中 a_n 是数列的第 n 项，n 叫作**项数**.

如果数列 $\{a_n\}$ 的第 n 项 a_n 与项数 n 之间的关系可以用一个公式来表示，那么这个公式就叫作这个数列的**通项公式**. 例如，上例数列（2）可记作 $\left\{\dfrac{1}{n}\right\}$，且通项公式为

$$a_n=\frac{1}{n}$$

注 （1）已知数列的通项公式，只需依次用 1，2，3，4，$\cdots$ 代替通项公式中的 n，就可求出数列中的各项.

（2）并不是所有的数列都有通项公式. 如上例（3）就没有通项公式.

（3）数列的通项公式可能不唯一. 如上例（4）的通项公式可为：$a_n=(-1)^n$ 或 $a_n=(-1)^{n+2}$.

项数有限的数列叫作**有穷数列**，项数无限的数列叫作**无穷数列**. 例如，上面

的数列(1)是有穷数列;(2),(3),(4),(5)是无穷数列.

例1 根据通项公式,求出下面数列 $\{a_n\}$ 的前5项:

$$(1)\, a_n = \frac{n}{n+1}; \qquad (2)\, a_n = \frac{(-1)^n}{n}.$$

解 (1)在通项公式中依次取 $n=1,2,3,4,5$,得到数列的前5项为

$$\frac{1}{2}, \frac{2}{3}, \frac{3}{4}, \frac{4}{5}, \frac{5}{6}.$$

(2)在通项公式中依次取 $n=1,2,3,4,5$,得到数列的前5项为

$$-1, \frac{1}{2}, -\frac{1}{3}, \frac{1}{4}, -\frac{1}{5}.$$

例2 写出下面数列的一个通项公式,使它的前4项分别是下列各数:

(1) $1,3,5,7,\cdots$;

(2) $1^2, 2^2, 3^2, 4^2, \cdots$;

(3) $-\frac{1}{1\times 2}, \frac{1}{2\times 3}, -\frac{1}{3\times 4}, \frac{1}{4\times 5}, \cdots$.

解 (1)这个数列的前4项 $1,3,5,7$ 都是项数的2倍减去1,所以它的一个通项公式是

$$a_n = 2n - 1.$$

(2)数列的前4项 $1^2, 2^2, 3^2, 4^2$ 都是项数的平方,它的一个通项公式是

$$a_n = n^2.$$

(3)数列的前4项的每一项的分母都是项数乘以项数加1,分子是1,正负号相间,它的一个通项公式是

$$a_n = (-1)^n \frac{1}{n(n+1)}.$$

* 补充材料:数列的递推公式

斐波纳奇数列(兔子问题)

一般而言,兔子在出生两个月后,就有繁殖能力,一对兔子每个月能生一对小兔子. 如果所有兔子都不死,那么一年后可以繁殖多少对兔子?

我们不妨拿新出生的一对小兔子分析一下:

第一个月小兔子没有繁殖能力,所以还是一对;两个月后,生下一对小兔,总数共有两对;三个月后,老兔子又生下一对(因为小兔子还没有繁殖能力,所以一共是三对).

依次类推可以列出下表:

经过月数	0	1	2	3	4	5	6	7	8	9	10	11	12
兔子对数	1	1	2	3	5	8	13	21	34	55	89	144	233

表中数字 $1,1,2,3,5,8\cdots$ 构成了一个数列. 这个数列有十分明显的特点,那就是:前面相邻两项之和,构成了后一项.

这个数列是意大利中世纪数学家斐波纳奇在《算盘全书》中提出的.

像这个数列一样,若一个数列的第 n 项 $(n\in \mathbf{N}^*)$ 能用它前面若干项的表达式来表示,则把这个表达式称为这个数列的**递归公式**(或**递推公式**).

例3 已知数列 $\{a_n\}$ 的第1项是1,以下各项由公式 $a_n = 1 + \dfrac{1}{a_{n-1}}$ 给出,写出这个数列的前5项.

解 $a_1 = 1$,

$$a_2 = 1 + \frac{1}{a_1} = 1 + 1 = 2,$$

$$a_3 = 1 + \frac{1}{a_2} = 1 + \frac{1}{2} = \frac{3}{2},$$

$$a_4 = 1 + \frac{1}{a_3} = 1 + \frac{2}{3} = \frac{5}{3},$$

$$a_5 = 1 + \frac{1}{a_4} = 1 + \frac{3}{5} = \frac{8}{5}.$$

基础练习

1. 根据下面数列 $\{a_n\}$ 的通项公式,写出它的前5项:

(1) $a_n = 3 - n$; (2) $a_n = 10n$; (3) $a_n = 2^n$.

2. 根据下面数列 $\{a_n\}$ 的通项公式,写出它的第7项与第10项:

(1) $a_n = \dfrac{1}{n}$; (2) $a_n = 5n - 2$;

(3) $a_n = \dfrac{(-1)^{n+1}}{n+2}$; (4) $a_n = -n^2 + 5$.

3. 说出下列各组数列的一个通项公式,使它的前4项分别是下列各数:

(1) $2,4,6,8,\cdots$; (2) $-\dfrac{1}{2},\dfrac{1}{4},-\dfrac{1}{8},\dfrac{1}{16},\cdots$;

(3) $0.9,0.99,0.999,0.999\ 9,\cdots$.

4. 观察下面数列的特点,用适当的数填空,并写出每个数列的一个通项公式:

(1)2,4,( ),8,10,( ),14;

(2)2,4,( ),16,32,( ),128;

(3)1,( ),9,16,25,( ),49.

提升练习

1. 已知下面数列的通项公式,分别写出它的前 6 项:

(1)$a_n = n^2$;　　　(2)$a_n = 2\left(-\dfrac{1}{4}\right)^{n-1}$.

2. 已知下面数列的通项公式,分别写出它的第 8 项:

(1)$a_n = n(n+1)(n+2)$;　　　(2)$a_n = 3 \cdot \left(\dfrac{1}{2}\right)^{n-1}$.

3. 已知数列 $\{a_n\}$ 的递归公式为 $a_{n+2} = \dfrac{1}{2}(a_{n+1} + a_n)$,$n \in \mathbf{N}^*$,且 $a_1 = 0$,$a_2 = \dfrac{1}{2}$.写出这个数列的前 6 项.

第二节 等差数列

观察

1. 你能填出下面每列数中所缺的项吗?

(1)2,5,( ),11,14,17;

(2)-4,-2,( ),2,4,6;

(3)$\dfrac{1}{2}$,( ),$\dfrac{7}{6}$,$\dfrac{3}{2}$,$\dfrac{11}{6}$.

2. 2001 年至 2006 年,某地区海尔洗衣机的年销售量分别是:

60,65,70,75,80,85.(单位:万台)

3. 某市对这半年每个月去健身房健身的人数做了统计,数据如下:

1 980,1 780,1 580,1 380,1 180,980.

发现做健身的人数在急剧下降.

4. 去年国庆节期间,某地区 8 个旅游景点接待的游客量分别是:

981,951,921,891,861,831,801,771.

以上出现的 6 个数列都有什么特点?

分析

1. （1）从第 2 项起，每一项减去前一项的差都是 3；

　　（2）从第 2 项起，每一项减去前一项的差都是 2；

　　（3）从第 2 项起，每一项减去前一项的差都是 $\frac{1}{3}$.

2. 从第 2 项起，每一项减去前一项的差都是 5.

3. 从第 2 项起，每一项减去前一项的差都是 -200.

4. 从第 2 项起，每一项减去前一项的差都是 -30.

可以看出，这些数列都有这样的共同特点：从第 2 项起，每一项与前一项的差都等于同一常数.

一般地，如果一个数列从第 2 项起，每一项与它的前一项的差都等于同一个常数，那么这个数列就叫作**等差数列**，这个常数叫作等差数列的**公差**，公差通常用字母 d 表示.

很明显，上面出现的 6 个数列都是等差数列，且公差分别是 3，2，$\frac{1}{3}$，5，-200，-30. 特别地，数列 2，2，2，2，2，2，2，2，… 也是等差数列，且公差为 0.

公差为 0 的数列叫常数列.

如果等差数列 $\{a_n\}$ 的首项是 a_1，公差是 d，那么根据等差数列的定义得到

$$a_2 - a_1 = d, a_3 - a_2 = d, a_4 - a_3 = d, \cdots$$

所以　　　　　　　 $a_2 = a_1 + d,$

$$a_3 = a_2 + d = (a_1 + d) + d = a_1 + 2d,$$

$$a_4 = a_3 + d = (a_1 + 2d) + d = a_1 + 3d,$$

$$\cdots$$

由此得到

$$a_n = a_1 + (n-1)d.$$

这就是等差数列 $\{a_n\}$ 的通项公式.

即

$$\boldsymbol{a_n = a_1 + (n-1)d} \qquad (n \in \mathbf{N}^*)$$

注　通项公式涉及 4 个量 a_n, a_1, n, d，已知其中任意 3 个量，可求第 4 个量.

例 1　（1）求等差数列 9，6，3，… 的第 20 项及通项公式.

（2）-401 是不是等差数列 -5，-9，-13，… 的项？如果是，是第几项？

解　（1）由 $a_1 = 9, d = 6 - 9 = -3, n = 20$，得

$$a_{20} = 9 + (20 - 1) \times (-3) = -48,$$

$$a_n = 9 + (n - 1) \times (-3) = 12 - 3n.$$

（2）由 $a_1 = -5, d = -9 - (-5) = -4$，得到这个数列的通项公式为

$$a_n = -5 - 4(n-1) = -4n - 1.$$

由题意知,本题是要回答是否存在正整数 n,使得

$$-401 = -4n - 1$$

成立. 解这个关于 n 的方程,得 $n = 100$.

即 -401 是这个数列的第 100 项.

例2　已知等差数列的第 4 项是 7,第 9 项是 22,求它的第 20 项.

解　由题意知　$a_4 = 7, a_9 = 22$,

由通项公式得 $\begin{cases} a_1 + (4-1)d = 7, \\ a_1 + (9-1)d = 22. \end{cases}$

因此 $\begin{cases} a_1 + 3d = 7, \\ a_1 + 8d = 22, \end{cases}$ 即 $\begin{cases} a_1 = -2, \\ d = 3. \end{cases}$

则通项公式为　$a_n = -2 + 3(n-1) = 3n - 5$,

所以　$a_{20} = 3 \times 20 - 5 = 55$.

思考　如果在 a 与 b 中间插入一个数 A,使 a, A, b 成等差数列,那么 A 应满足什么条件?

由 a, A, b 成等差数列,得

$$A - a = b - A,$$

所以

$$A = \frac{a+b}{2}.$$

反之,若 $A = \frac{a+b}{2}$ 成立,则 a, A, b 成等差数列.

如果 a, A, b 成等差数列,那么 A 叫作 a 与 b 的**等差中项**.

思考　$A = \frac{a+b}{2}$ 是 a, A, b 成等差数列的充要条件吗?

注　1. 在一个等差数列中,从第 2 项起,每一项(有穷等差数列的末项除外)都是它的前一项与后一项的等差中项.

2. 若 3 个数成等差数列,通常设这 3 个数为 $a - d, a, a + d$.

例3　如果某旅行社连续 3 周接待的游客数量成等差数列,且 3 周人数总和为 294,第 3 周比第 1 周的人数多 18,则这 3 周每周的游客人数各是多少?

解　设连续 3 周游客数量分别为 $a - d, a, a + d$,则

$$(a-d) + a + (a+d) = 294,$$

因此 $a = 98$,且 $(a+d) - (a-d) = 18$,则

$$d = 9.$$

所以这 3 周每周的游客数量分别为 89,98,107.

例 4* 已知数列的通项公式为 $a_n = pn + q$,其中 p, q 是常数,且 $p \neq 0$,那么这个数列是否一定是等差数列?如果是,其首项与公差是什么?

分析 根据等差数列的定义,要判断 $\{a_n\}$ 是不是等差数列,只要看 $a_n - a_{n-1}$ ($n \geq 2$)是不是一个与 n 无关的常数就行了.

解 取数列 $\{a_n\}$ 中的任意相邻两项 a_{n-1} 与 a_n ($n \geq 2$),

$$a_n - a_{n-1} = (pn + q) - [p(n-1) + q]$$
$$= pn + q - (pn - p + q)$$
$$= p,$$

它是一个与 n 无关的常数,所以 $\{a_n\}$ 是等差数列,且公差是 p.

在通项公式中令 $n = 1$,得

$$a_1 = p + q,$$

所以这个等差数列的首项是 $p + q$,公差是 p.

我们看到,等差数列的通项公式可以表示为

$$a_n = pn + q.$$

基础练习

1. (1)求等差数列 $2, 6, 10, \cdots$ 的通项公式及第 $4, 7, 10$ 项;

   (2)求等差数列 $12, 8, 4, \cdots$ 的第 15 项.

2. 求满足下列条件的等差数列的通项公式 $\{a_n\}$.

   (1) $d = \dfrac{2}{3}$,$a_{10} = 2$;

   (2) $a_8 = -1$,$a_{15} = -22$.

3. 求下列各组数的等差中项:

   (1) -6 与 18; (2)34 与 62.

4. 已知等差数列 $\{a_n\}$ 的首项 $a_1 = -7$,公差 $d = 3$. 试问这个数列的第几项是 32?

5. 由下列等差数列的通项公式,求首项和公差:

   (1)$a_n = 3n + 6$; (2)$a_n = -2n + 7$.

提升练习

1. 已知等差数列 $\{a_n\}$ 中,$a_4 = 10$,$a_5 = 6$,求 a_8 与 d.

2. 在等差数列 $\{a_n\}$ 中,$a_1 = 3$,$a_{100} = 36$,则 $a_5 + a_{98}$ 等于多少呢?

3. 已知三个数成等差数列,它们的和为 12,积为 -132,求这三个数.

4. 在 3 与 18 之间插入两个数,使这 4 个数成等差数列.

5. 已知等差数列 $\{a_n\}$，公差为 d，a_m 与 a_n 是该数列中任意两项，则 a_m 与 a_n 有什么样的关系？

6*. 等差数列 $\{a_n\}$ 中，$a_3 + a_{11} = 40$，则 $a_6 + a_7 + a_8$ 是多少？

第三节 等差数列的前 n 项和

在 17 世纪，德国出现了一名出色的数学家高斯，他为世界数学的发展做出了巨大的贡献. 高斯最出名的故事就是他 10 岁时，小学老师出了一道算术难题："计算 $1 + 2 + 3 + \cdots + 100 = ?$"这可难住了初学算术的学生，大家都在埋头苦算，但是高斯却在几秒后将答案解了出来，他利用数列的对称性，把数目一对对的凑在一起：$1 + 100, 2 + 99, 3 + 98, \cdots, 49 + 52, 50 + 51$ 而这样的组合有 50 组，所以答案很快就可以求出是：$101 \times 50 = 5\ 050$.

实际上，这种方法可以进一步推广，以此解决等差数列的求和问题，而这一问题的解决也是高斯发现的.

设等差数列 $\{a_n\}$ 的前 n 项和为 S_n，即
$$S_n = a_1 + a_2 + \cdots + a_n,$$

根据等差数列 $\{a_n\}$ 的通项公式，上式可以写成
$$S_n = a_1 + (a_1 + d) + \cdots + [a_1 + (n-1)d], \qquad ①$$

再把项的次序反过来，S_n 又可以写成
$$S_n = a_n + (a_n - d) + \cdots + [a_n - (n-1)d], \qquad ②$$

把①②两边分别相加，得
$$2S_n = (a_1 + a_n) + (a_1 + a_n) + \cdots + (a_1 + a_n) = n(a_1 + a_n).$$

由此得到等差数列 $\{a_n\}$ 的**前 n 项和公式**
$$\boldsymbol{S_n = \frac{n(a_1 + a_n)}{2}},$$

即等差数列的前 n 项和等于首末项的和与项数乘积的一半.

又由于 $a_n = a_1 + (n-1)d$，代入上式可得
$$\boldsymbol{S_n = na_1 + \frac{n(n-1)}{2}d}$$

注 上面两个公式，都涉及 4 个量，只要知道其中任意 3 个量，就可以求出第 4 个量.

例1 在等差数列 $\{a_n\}$ 中，$d = 4$，$a_1 = 3$ 求 S_5.

解 由等差数列的前 n 项和公式得
$$S_n = na_1 + \frac{n(n-1)}{2}d$$

所以

$$S_5 = 5 \times 3 + \frac{5 \times 4}{2} \times 4 = 55.$$

例2 等差数列 $-10, -6, -2, 2, \cdots$ 前多少项的和是54?

解 设题中的等差数列为 $\{a_n\}$,前 n 项和是 S_n,则

$$a_1 = -10, d = -6 - (-10) = 4.$$

设前 n 项和为54,根据等差数列前 n 项和公式,得

$$-10n + \frac{n(n-1)}{2} \times 4 = 54,$$

整理,得

$$n^2 - 6n - 27 = 0.$$

解得

$$n_1 = 9, n_2 = -3(舍去).$$

因此等差数列 $-10, -6, -2, 2, \cdots$ 前9项的和是54.

例3 某酒店在店庆时需要用鲜花做成一个金字塔的图案. 已知根据花的尺寸共需要摆放55层,而最高一层(即塔尖)是一朵,往下每一层都比上一层多一朵. 问摆成这个图案共需要鲜花多少朵?

解 由题意可知,这个金字塔共55层,且自上而下各层的鲜花数成等差数列,记为 $\{a_n\}$,其中 $a_1 = 1, d = 1, n = 55$. 根据等差数列前 n 项和的公式,得

$$S_{55} = 1 \times 55 + \frac{55(55-1)}{2} \times 1 = 1\,540.$$

答:共需要鲜花 1 540 朵.

思考 例3还有别的解法吗?

例4 求前 n 个正奇数的和.

解 从小到大排成的正奇数是一个等差数列,其中 $a_1 = 1, a_n = 2n - 1$. 所以前 n 个正奇数的和为

$$S_n = \frac{n[1 + (2n-1)]}{2}$$
$$= n^2,$$

即 $1 + 3 + 5 + 7 + \cdots + (2n-1) = n^2$.

例5 已知一个等差数列的前 10 项的和是 310,前 20 项的和是 1 220,由此可以确定求其前 n 项和的公式吗?

分析 将已知条件代入等差数列前 n 项和的公式后,可得到两个关于 a_1 与 d 的关系式,然后确定 a_1 与 d,从而得到所求前 n 项和的公式.

解 由题意知

$$S_{10} = 310, S_{20} = 1\,220,$$

将它们代入公式

$$S_n = na_1 + \frac{n(n-1)}{2}d,$$

得到

$$\begin{cases} 10a_1 + 45d = 310, \\ 20a_1 + 190d = 1\,220. \end{cases}$$

解这个关于 a_1 与 d 的方程组,得到

$$a_1 = 4, d = 6,$$

所以

$$S_n = 4n + \frac{n(n-1)}{2} \times 6 = 3n^2 + n.$$

这就是说,已知 S_{10} 与 S_{20},可以确定这个数列的前 n 项和的公式,即 $S_n = 3n^2 + n$.

基础练习

1. 根据下列各题中的条件,求相应的等差数列 $\{a_n\}$ 的前 n 项和 S_n:

（1）$a_1 = 5, a_2 = 95, n = 10$;

（2）$a_1 = 100, d = -2, n = 50$;

（3）$a_1 = 14.5, d = 0.7, a_n = 32$.

2. （1）求前 500 个正整数的和;

   （2）求前 100 个正偶数的和.

3. 在等差数列 $\{a_n\}$ 中,$a_3 = 12$,$a_7 = -4$,求 S_{10}.

4. 等差数列 $\{a_n\}$ 中,$d = -2$,$n = 40$,$a_n = -79$,求 a_1 与 S_n.

5. 等差数列 5,4,3,2,… 前多少项的和是 -30?

提升练习

1. 在等差数列 $\{a_n\}$ 中,已知 $a_1 = 1$,$a_n = 77$,$S_n = 780$,求 d 与 n.

2. 已知 $\{a_n\}$ 是等差数列,且 $a_5 + a_9 = 40$,则 $a_6 + a_7 + a_8$ 为多少?

3*. 等差数列 $\{a_n\}$ 的首项 $a_1 = 33$,公差 d 为整数,若前 7 项为正数,第 7 项以后的各项都是负数,则 d 的值为多少?

4*. 设数列 $\{a_n\}$ 的前 n 项和的公式为 $S_n = 2n^2 - n$,试求它的通项公式. $\{a_n\}$ 是不是等差数列? 如果是,它的首项与公差各是多少?

第四节 等比数列

看下面两个数列：

(1) $5, 25, 125, 625, \cdots$;

(2) $1, -\dfrac{1}{2}, \dfrac{1}{4}, -\dfrac{1}{8}, \cdots$.

观察一下，上面数列有什么共同特点？

对于数列(1)，从第二项起，每一项与前一项的比都等于 5.

对于数列(2)，从第二项起，每一项与前一项的比都等于 $-\dfrac{1}{2}$.

就是说，这些数列具有这样的共同特点：从第二项起，每一项与前一项的比都等于同一个常数.

一般地，如果一个数列从第 2 项起，每一项与它的前一项的比都等于同一个常数，那么这个数列就叫作**等比数列**，这个常数叫作等比数列的**公比**，公比通常用字母 q 表示 $(q \neq 0)$.

因为在一个等比数列 $\{a_n\}$ 里，从第 2 项起，每一项与它的前一项的比都等于公比 q，所以每一项都等于它的前一项乘以公比 q，于是有

$$a_2 = a_1 q,$$
$$a_3 = a_2 q = (a_1 q) q = a_1 q^2,$$
$$a_4 = a_3 q = (a_1 q^2) q = a_1 q^3,$$
$$\cdots$$

由此得到

$$a_n = a_1 q^{n-1}.$$

其中 a_1 与 q 均不为 0. 由于当 $n = 1$ 时上面等式两边均为 a_1，即等式也成立，说明上面公式当 $n \in \mathbf{N}^*$ 时都成立，因而它就是等比数列 $\{a_n\}$ 的通项公式.

即

$$\boldsymbol{a_n = a_1 q^{n-1}}$$

注 从等比数列的通项公式看出，只要知道首项 a_1 和公比 q，就可以求出等比数列的任何一项.

例 1 等比数列 $\{a_n\}$ 中 $a_1 = 3, q = 2$，试问第几项是 48？

解 设第 n 项是 48，则根据通项公式可得

$$3 \cdot 2^{n-1} = 48 \Rightarrow 2^{n-1} = 16,$$
$$n - 1 = 4,$$

故

所以

$$n = 5.$$

即这个等比数列的第 5 项是 48.

例 2 一个等比数列的第 3 项与第 4 项分别是 12 与 18,求它的第 1 项与第 2 项.

解 设这个等比数列的第 1 项是 a_1,公比是 q,那么

$$a_1 q^2 = 12,$$ ①

$$a_1 q^3 = 18.$$ ②

把②的两边分别除以①的两边,得

$$q = \frac{3}{2}.$$ ③

把③代入①,得

$$a_1 = \frac{16}{3}.$$

因此

$$a_2 = a_1 q = \frac{16}{3} \times \frac{3}{2} = 8.$$

答:这个数列的第 1 项和第 2 项分别是 $\frac{16}{3}$ 和 8.

例 3 某城市为了发展本地区的旅游经济,计划增加旅游环境改造方面的投入.计划第一年投资 100 万,以后每一年投资的数目是前一年的 1.5 倍.那么第 5 年应投资多少钱?

解 由于每年的投资数是前一年的 1.5 倍,所以各年的投资数成等比数列,记为 $\{a_n\}$,且 $a_1 = 100, q = 1.5$,所以

$$a_5 = 100 \times 1.5^{5-1} = 506.25(万元).$$

答:第 5 年应投资 506.25 万元.

例 4* 已知 $\{a_n\}$,$\{b_n\}$ 是项数相同的等比数列,求证 $\{a_n \cdot b_n\}$ 是等比数列.

证明 设数列 $\{a_n\}$ 的首项为 a_1,公比为 p;$\{b_n\}$ 的首项为 b_1,公比为 q,那么数列 $\{a_n \cdot b_n\}$ 的第 n 项与第 $n+1$ 项分别为 $a_1 p^{n-1} \cdot b_1 q^{n-1}$ 与 $a_1 p^n \cdot b_1 q^n$,即为 $a_1 b_1 (pq)^{n-1}$ 与 $a_1 b_1 (pq)^n$. 因为

$$\frac{a_{n+1} \cdot b_{n+1}}{a_n \cdot b_n} = \frac{a_1 b_1 (pq)^n}{a_1 b_1 (pq)^{n-1}} = pq.$$

它是一个与 n 无关的常数,所以 $\{a_n \cdot b_n\}$ 是一个以 pq 为公比的等比数列.

特别地,如果 $\{a_n\}$ 是等比数列,c 是不等于 0 的常数,那么数列 $\{c \cdot a_n\}$ 是等比数列.

与等差中项的概念类似,如果在 a 与 b 中间插入一个数 G,使 a, G, b 成等比数列,那么 G 叫作 a 与 b 的**等比中项**.且 $\frac{G}{a} = \frac{b}{G}$,即 $G^2 = ab$ 或者 $G = \pm\sqrt{ab}$.

例如,4 叫作 2 与 8 的等比中项;-6 叫作 4 与 9 的等比中项.

注 (1)很容易看出来,一个等比数列从第 2 项起,每一项(有穷等比数列的末项除外)是它的前一项与后一项的等比中项.

(2)若 3 个数成等比数列,通常设这 3 个数为 $\frac{a}{q}$, a, aq.

(3)a 与 b 的等比中项有两个,互为相反数.

基础练习

1. 求下面等比数列的通项公式及第 8 项:

(1)5, -15, 45, …;　　　　(2)1.2, 2.4, 4.8, …;

(3)$\frac{2}{3}$, $\frac{1}{2}$, $\frac{3}{8}$, …;　　　　(4)$\sqrt{2}$, 1, $\frac{\sqrt{2}}{2}$, …;　　　(5)1, -1, 1, -1, ….

2. (1)一个等比数列的第 9 项是 $\frac{4}{9}$,公比是 $-\frac{1}{3}$,求它的第 1 项.

(2)一个等比数列的第 2 项是 10,第 3 项是 20,求第 4 项及 q.

3. 求下列各组数的等比中项:

(1)3, 9;　　　　　　　(2)16, 4.

4. 已知等比数列 $\{a_n\}$ 的首项 $a_1 = 1$, 末项 $a_n = 256$,公比 $q = 2$, 求这个等比数列的项数.

提升练习

1. 在 8 和 200 之间插入 3 个数,使 5 个数成等比数列,求这三个数.

2. 常数列 $a, a, a, \cdots (a \neq 0)$ 是(　　　　).

　　A. 等比数列但非等差数列　　　　B. 等差数列但非等比数列

　　C. 既非等差数列又非等比数列　　D. 既是等差数列又是等比数列

3. 已知三个数成等比数列,它们的和为 26,积为 -512,求这三个数.

4*. 等比数列 $\{a_n\}$ 中,若 $a_3 a_6 = 25$,则 $a_2 a_7$ 为多少?

5*. 某厂 2008 年的产量为 a,年增长率为 b,则 2011 年该厂的产量是多少?

第五节　等比数列的前 n 项和

数列 1, 2, 4, 8, …, 2^{62}, 2^{63},求这个数列的和.

这实际上是求以 1 为首项,2 为公比的等比数列的前 64 项的和

$$S_{64} = 1 + 2 + 4 + 8 + \cdots + 2^{62} + 2^{63}.$$

①

如果用公比 2 乘以上面等式的两边,得到

$$2S_{64} = 2 + 4 + 8 + 16 + \cdots + 2^{63} + 2^{64}.$$ ②

用②－①得

$$S_{64} = 2^{64} - 1.$$

由此例我们可以得到求等比数列前 n 项和的方法.

一般地,设有等比数列

$$a_1, a_2, a_3, \cdots, a_n, \cdots,$$

它的前 n 项和是

$$S_n = a_1 + a_2 + a_3 + \cdots + a_n.$$

根据等比数列的通项公式,上式可写成

$$S_n = a_1 + a_1 q + a_1 q^2 + \cdots + a_1 q^{n-2} + a_1 q^{n-1},$$ ③

③的两边乘以 q 得,

$$qS_n = a_1 q + a_1 q^2 + \cdots + a_1 q^{n-2} + a_1 q^{n-1} + a_1 q^n.$$ ④

③的两边分别减去④的两边,得

$$(1-q)S_n = a_1 - a_1 q^n.$$

由此得到 $q \neq 1$ 时,等比数列 $\{a_n\}$ 的**前 n 项和的公式**

$$\boldsymbol{S_n = \frac{a_1(1-q^n)}{1-q}} \ (\boldsymbol{q \neq 1}).$$

由于

$$a_1 q^n = (a_1 q^{n-1})q = a_n q,$$

所以上面的公式还可以写成

$$\boldsymbol{S_n = \frac{a_1 - a_n q}{1-q}} \ (\boldsymbol{q \neq 1}).$$

特别地,当 $q = 1$ 时,$S_n = na_1$.

注 (1)当已知 a_1, q, n 求 S_n 时用前一个公式;当已知 a_1, q, a_n 求 S_n 时,用后一个公式;

(2)在这两个公式中,都涉及 4 个量之间的关系,只要知道其中任意 3 个,就可求出第 4 个.

例1 求等比数列 3,6,12,24,… 的前 8 项的和.

解 由于

$$a_1 = 3, q = \frac{6}{3} = 2, n = 8,$$

因此

$$S_8 = \frac{3(1-2^8)}{1-2} = 765.$$

例2 求等比数列 1,2,4,… 从第 5 项到第 10 项的和.

解 要求从第 5 项到第 10 项的和,可以分别求出前 10 项和前 4 项的和,再做差会比较简单.

由于

$$a_1 = 1, q = 2,$$

得

$$S_{10} = \frac{1 \times (1 - 2^{10})}{1 - 2} = 1\,023,$$

$$S_4 = \frac{1 \times (1 - 2^4)}{1 - 2} = 15,$$

因此

$$S_{10} - S_4 = 1\,023 - 15 = 1\,008.$$

即从第 5 项到第 10 项的和是 1 008.

例 3　已知一个等比数列 $\{a_n\}$ 中 $a_1 = 4, a_4 = 32$ 求 q 与 S_4.

解　由等比数列的通项公式 $a_n = a_1 q^{n-1}$ 可得

$32 = 4 \times q^3, q = 2.$

$S_4 = \frac{4 - 32 \times 2}{1 - 2} = 60.$

例 4*　求和：$\left(x + \frac{1}{y}\right) + \left(x^2 + \frac{1}{y^2}\right) + \cdots + \left(x^n + \frac{1}{y^n}\right)$ $(x \neq 0, x \neq 1, y \neq 0, y \neq 1)$.

分析　上面各个括号内的式子均由两项组成. 其中各括号内的前一项与后一项分别组成等比数列,分别求出这两个等比数列的和,就能得到所求式子的和.

解　当 $x \neq 0, x \neq 1, y \neq 0, y \neq 1$ 时,

$$\left(x + \frac{1}{y}\right) + \left(x^2 + \frac{1}{y^2}\right) + \cdots + \left(x^n + \frac{1}{y^n}\right)$$

$$= (x + x^2 + \cdots + x^n) + \left(\frac{1}{y} + \frac{1}{y^2} + \cdots + \frac{1}{y^n}\right)$$

$$= \frac{x(1 - x^n)}{1 - x} + \frac{\frac{1}{y}\left(1 - \frac{1}{y^n}\right)}{1 - \frac{1}{y}} = \frac{x - x^{n+1}}{1 - x} + \frac{y^n - 1}{y^{n+1} - y^n}.$$

例 5*　已知 S_n 是等比数列 $\{a_n\}$ 的前 n 项和,S_3, S_9, S_6 成等差数列,求证 a_2, a_8, a_5 成等差数列.

分析　由 S_3, S_9, S_6 成等差数列,得 $S_3 + S_6 = 2S_9$. 要证 a_2, a_8, a_5 成等差数列,只要证 $a_2 + a_5 = 2a_8$.

证明　由 S_3, S_9, S_6 成等差数列,得

$$S_3 + S_6 = 2S_9.$$

这里 $q \neq 1$,事实上,如果 $q = 1$,则 $S_3 = 3a_1, S_6 = 6a_1, S_9 = 9a_1$. 由 $a_1 \neq 0$,得 S_3

$+S_6 \neq 2S_9$，与题设矛盾，所以 $q \neq 1$.

由 $S_3 + S_6 = 2S_9$，得

$$\frac{a_1(1-q^3)}{1-q} + \frac{a_1(1-q^6)}{1-q} = \frac{2a_1(1-q^9)}{1-q},$$

整理，得

$$q^3 + q^6 = 2q^9.$$

由 $q \neq 0$，得

$$1 + q^3 = 2q^6.$$

因此

$$a_2 + a_5 = a_1q + a_1q^4 = a_1q(1+q^3) = a_1q(2q^6) = 2a_1q^7 = 2a_8.$$

所以 a_2, a_8, a_5 成等差数列.

基础练习

1. 根据下列各题中的条件，求等比数列 $\{a_n\}$ 的前 n 项和 S_n：

（1）$a_1 = 3, q = 2, n = 6$；

（2）$a_1 = 1, q = -2, n = 6$；

（3）$a_1 = 6, q = \frac{1}{2}, n = 5$.

2. 求等比数列 $\frac{3}{2}, \frac{3}{4}, \frac{3}{8}, \cdots$ 从第 3 项到第 7 项的和.

3. 已知等比数列 $\{a_n\}$，$a_1 = 36, a_5 = \frac{9}{4}$，求 q 和 S_5.

4. 已知等比数列的第 3 项是 -18，第 5 项是 -162，求它的前 5 项的和.

5. 已知一个等比数列的前 5 项的和为 242，公比为 3，求它的第 5 项.

提升练习

1*. 求和：

（1）$(a-1) + (a^2-2) + \cdots + (a^n-n)$；

（2）$(2-3\times5^{-1}) + (4-3\times5^{-2}) + \cdots + (2n-3\times5^{-n})$.

2. 在等比数列 $\{a_n\}$ 里，如果 $a_7 - a_5 = a_6 + a_5 = 48$，求 a_1, q, S_{10}.

3. 四个正数，前三个数成等比数列，其和为 19，后三个数成等差数列，其和为 12. 求这四个正数.

4*. 设数列 $\{a_n\}$ 的通项公式为 $a_n = kb^n + c, n \in \mathbf{N}^*$，$k, b, c$ 都是常数，且 $k \neq 0, b$ 不等于 $0, 1$，求这个数列的前 n 项和.

综合训练五

1. 写出下列各组数列的一个通项公式,使它的前 4 项分别是下列各数:

(1) $3,6,9,12,\cdots$;

(2) $0,-2,-4,-6,\cdots$;

(3) $1,\dfrac{1}{4},\dfrac{1}{9},\dfrac{1}{16},\cdots$;

(4) $\sqrt[3]{1},-\sqrt[3]{2},\sqrt[3]{3},-\sqrt[3]{4},\cdots$.

2. 在等差数列 $\{a_n\}$ 中:

(1) 已知 $a_1=2,a_{11}=32$,求 d;

(2) 已知 $a_1=-2,d=5,a_n=103$,求 n 与 S_n;

(3) 已知 $a_{31}=40,S_{31}=2\,170$. 求 a_1 与 d;

(4) 已知 $a_1=200,S_{41}=4\,100$,求 d 与 a_{11}.

3. 在等比数列 $\{a_n\}$ 中:

(1) 已知 $q=\dfrac{1}{3},a_9=1$,求 a;

(2) 已知 $q=\dfrac{1}{2},S_6=63$,求 a_1 与 a_6;

(3) 已知 $q=\dfrac{1}{2},S_{10}=\dfrac{1\,023}{512}$,求 a_1.

4. 求下列各组数的等差中项:

(1) 28 与 56;   (2) -12 与 48.

5. 求下列各组数的等比中项:

(1) 45 与 80;   (2) $7+3\sqrt{5}$ 与 $7-3\sqrt{5}$.

6. 三个数成等比数列,它们的和等于 14,积等于 64,求这三个数.

7. 在 5 和 80 中间插入 3 个数,使它们与这两个数成等比数列,求这三个数.

8*. 已知数列 $\{a_n\}$ 是等比数列,S_n 是其前 n 项的和,求证 $S_7,S_{14}-S_7,S_{21}-S_{14}$ 成等比数列. 设 $k\in \mathbf{N}^*,S_k,S_{2k}-S_k,S_{3k}-S_{2k}$ 成等比数列吗?

9*. 已知$\{a_n\}$是无穷等比数列,公比为q:

(1)将数列$\{a_n\}$中的前k项去掉,剩余各项组成一个新数列. 这个新数列是等比数列吗? 如果是,它的首项与公比各是多少?

(2)取出数列$\{a_n\}$中的所有奇数项,组成一个新的数列,这个数列是等比数列吗? 如果是,它的首项与公比各是多少?

(3)在数列$\{a_n\}$中,每隔10项取出一项,组成一个新的数列,这个数列是等比数列吗? 如果是,它的公比是多少?

10. 求和:$S_n = C_n^1 + 2C_n^2 + 3C_n^3 + \cdots + nC_n^n$.

11. 造纸厂用若干台效率相同的抽水机从河里往储水池灌水,若所有机械同时开动,则需24分钟灌满水池;若一台接一台地启动,每相邻两台启动时间间隔相同,那么到灌满水池时,第一台的工作时间是最后一台的7倍,问第一台工作了多少时间?

12. 某城市2007年年底人口为500万人,人均居住面积为20平方米. 如果该市人口平均增长率为1%,每年平均新增住房面积为100万平方米,到2012年年底,该市人均住房面积是多少平方米?（精确到0.01平方米）

本章小结

本章主要是介绍数列. 数列是按照一定次序排成的一列数. 如果我们能把一个数列的各项之间的内在规律搞清楚, 那么我们就能抓住最重要的信息来把握整个数列. 数列的通项公式揭示了第 n 项 a_n 与项的序号 n 的关系.

在这一章主要介绍了两类特殊的数列:

1. 等差数列

一个数列从第二项起, 每一项减去它前面一项所得的差都等于同一个常数的数列. 这个常数称为公差, 通常用 d 表示.

通项公式: $a_n = a_1 + (n-1)d$.

前 n 项和公式: $S_n = na_1 + \dfrac{n(n-1)}{2}d$, 或 $S_n = \dfrac{n(a_1 + a_n)}{2}$.

2. 等比数列

一个数列从第二项起, 每一项与它前一项的比都等于同一个常数, 这样的数列叫等比数列, 这个常数叫公比, 通常用 q 表示.

通项公式: $a_n = a_1 q^{n-1}$.

前 n 项和公式: $S_n = \dfrac{a_1(1-q^n)}{1-q}$ $(q \neq 1)$, 或 $S_n = \dfrac{a_1 - a_n q}{1-q}$ $(q \neq 1)$.

3. 中项

等差中项: 如果 a, A, b 成等差数列, 那么 A 叫作 a 与 b 的等差中项

$$A = \frac{a+b}{2}.$$

等比中项: 如果 a, G, b 成等比数列, 那么 G 叫作 a 与 b 的等比中项.

$$G = \pm\sqrt{ab} \text{ 或 } G^2 = ab.$$